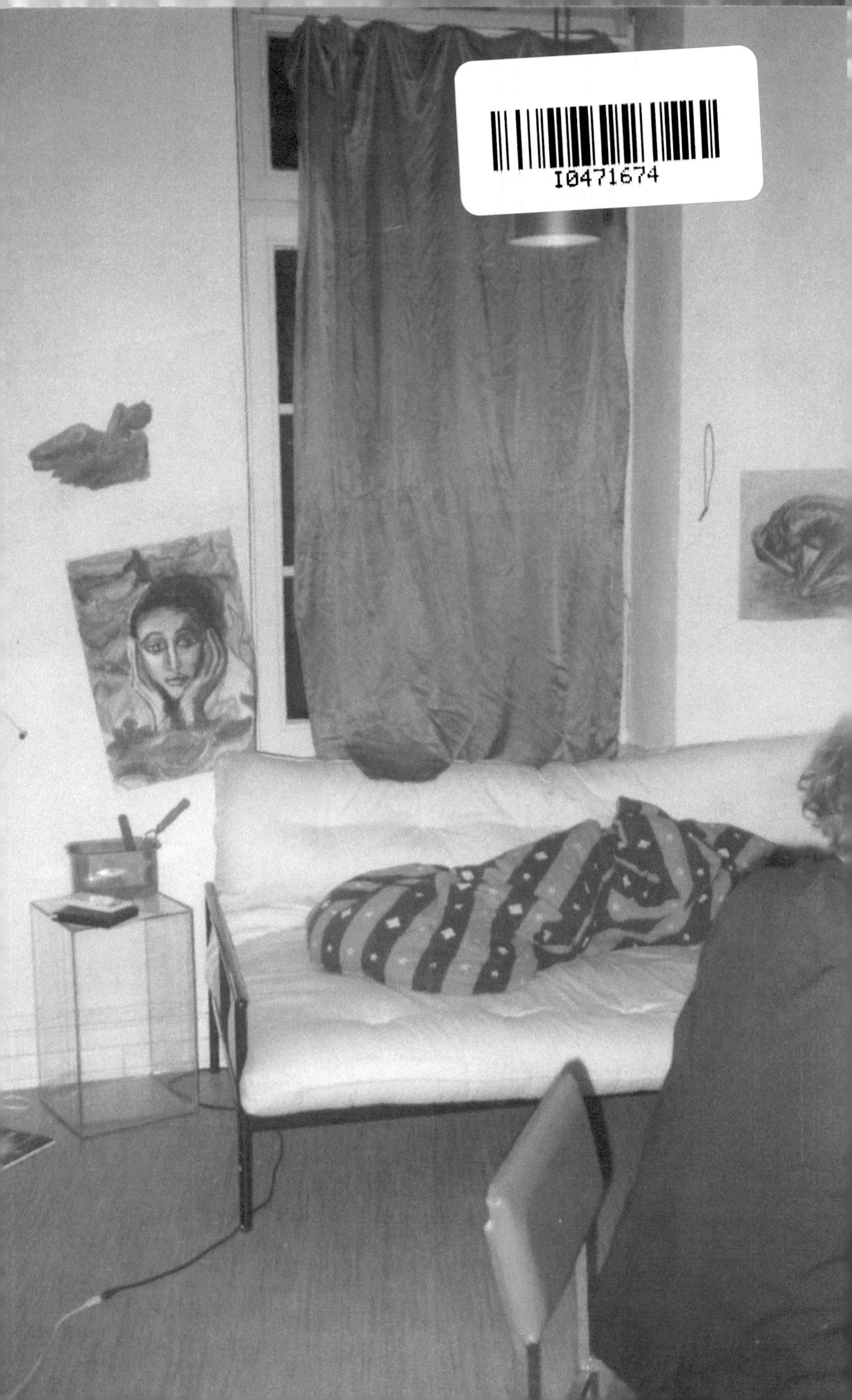

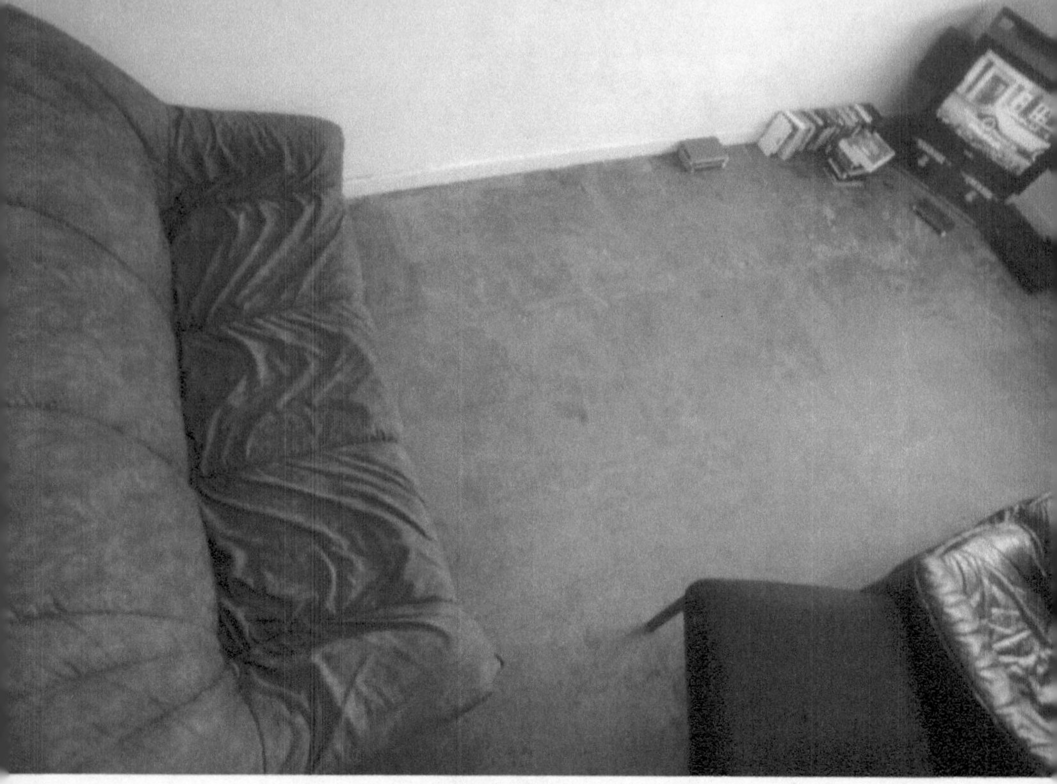

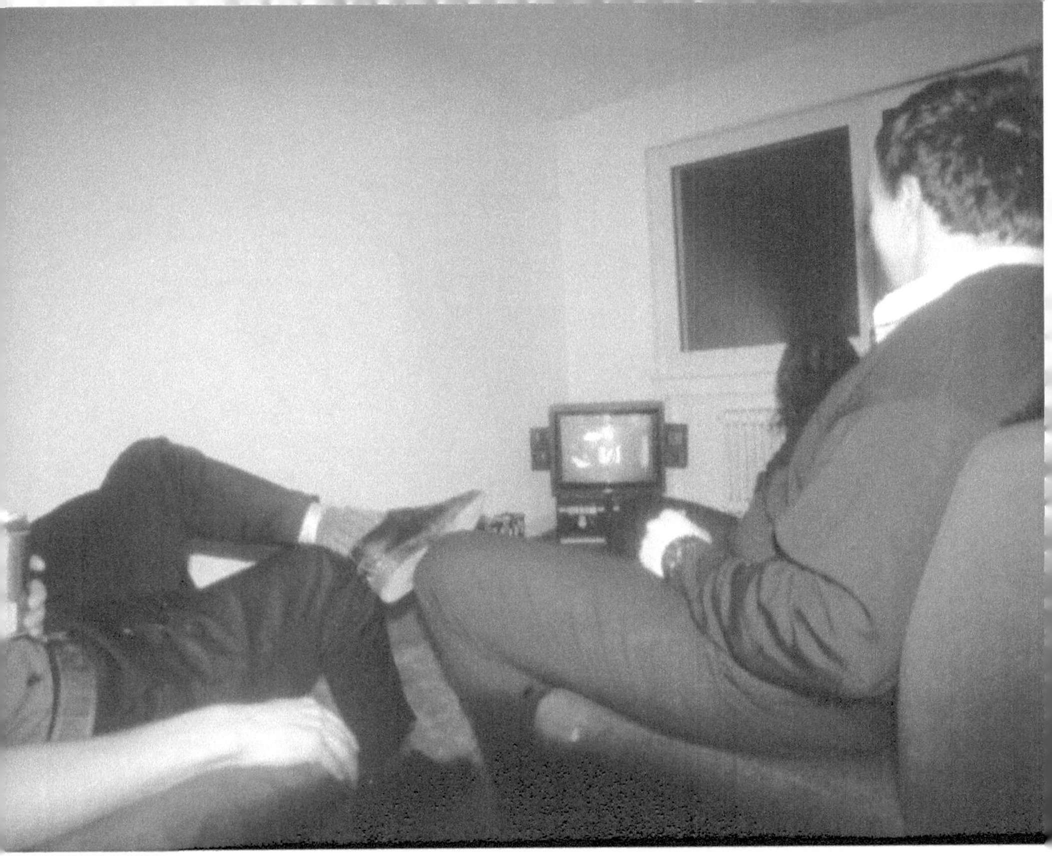

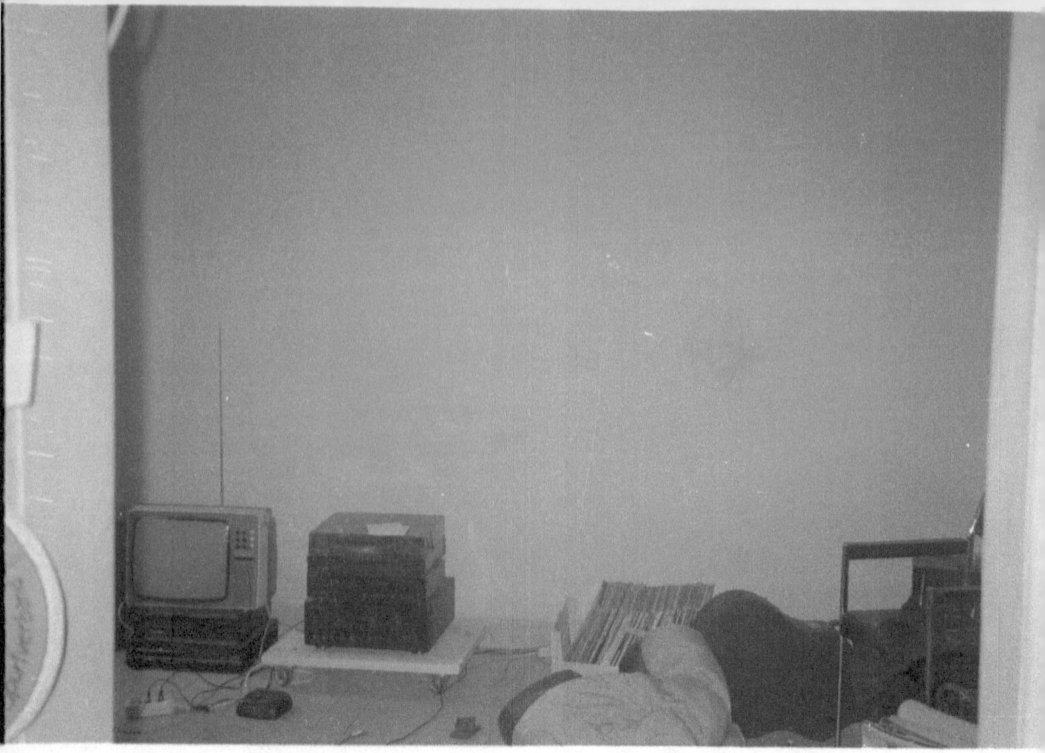

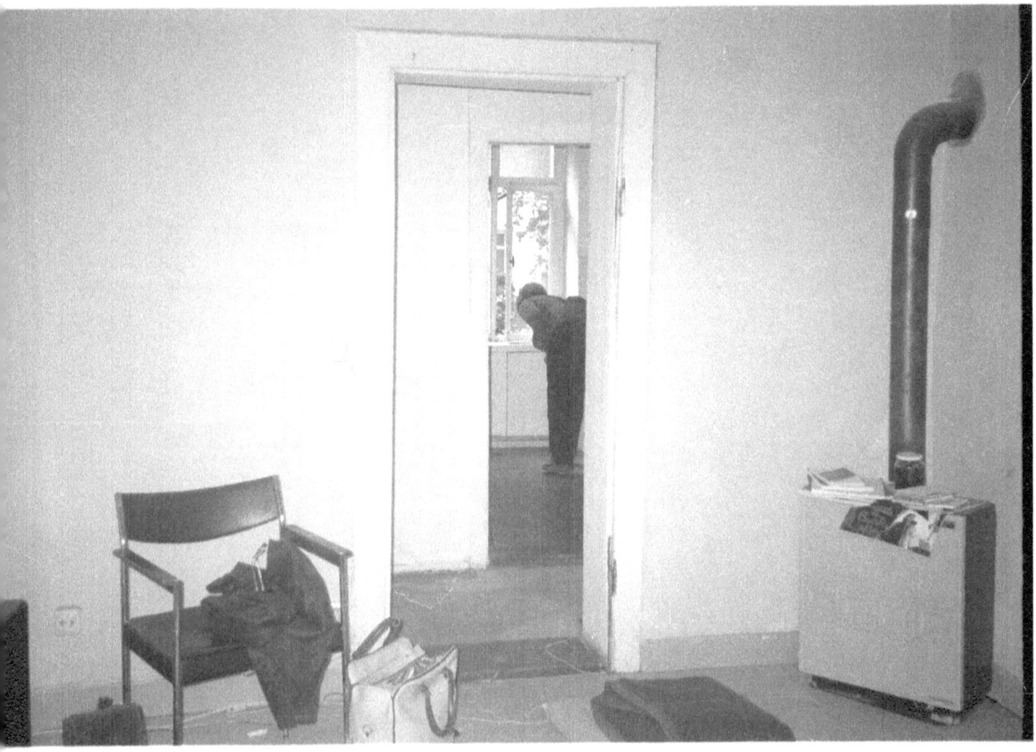

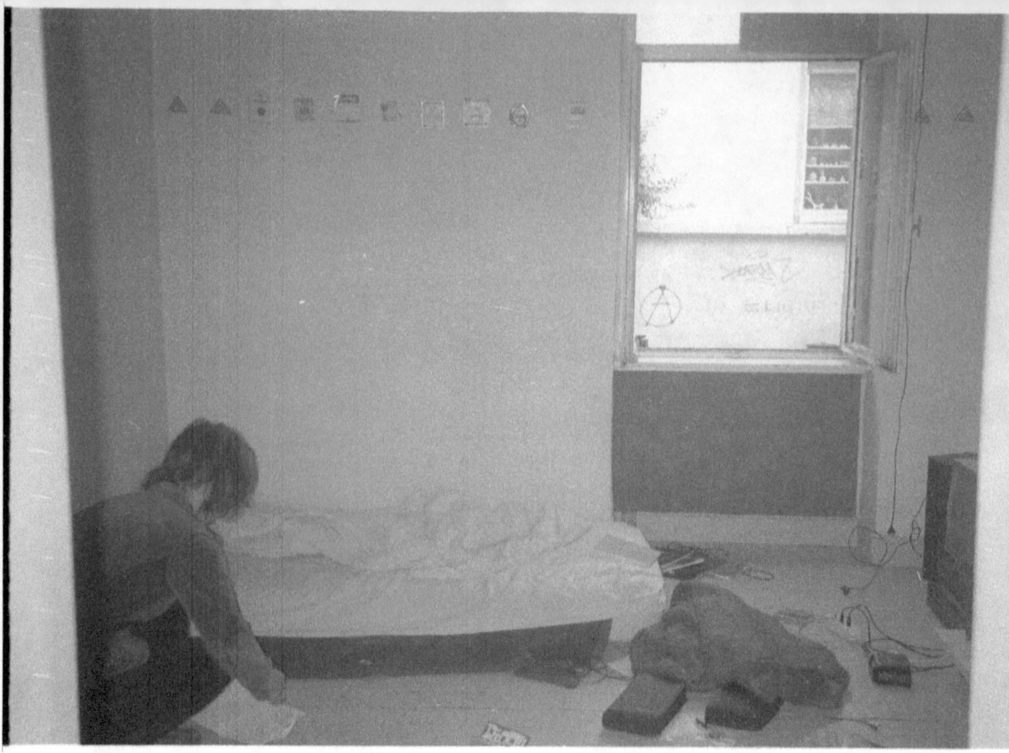

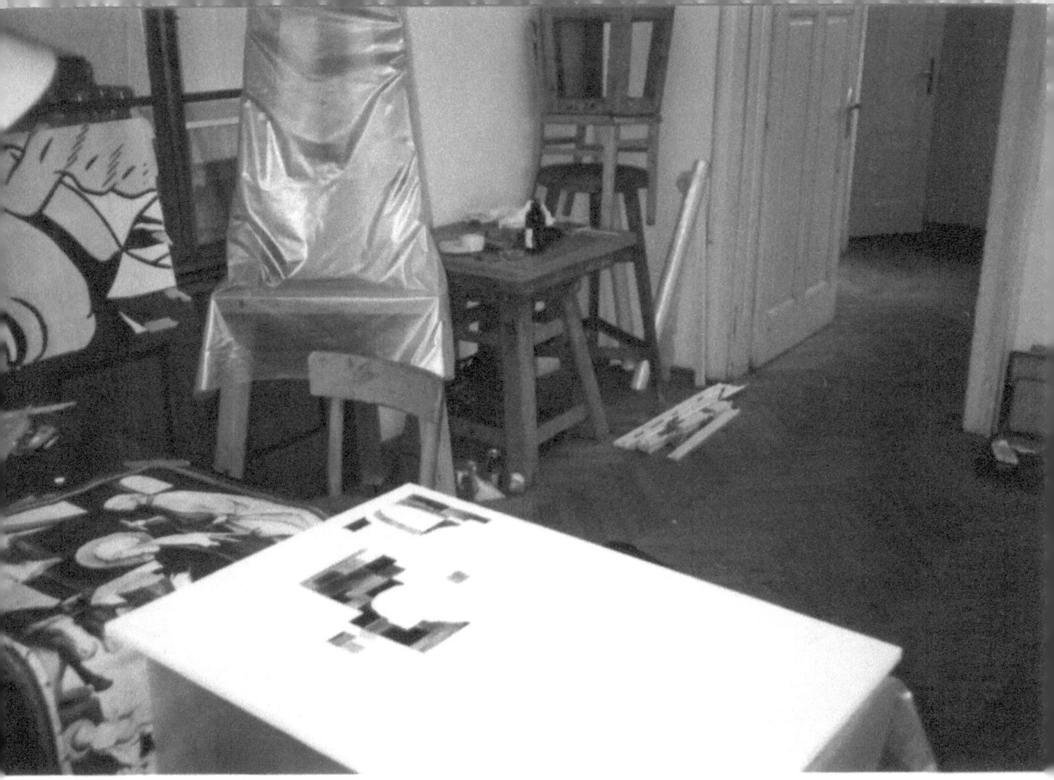

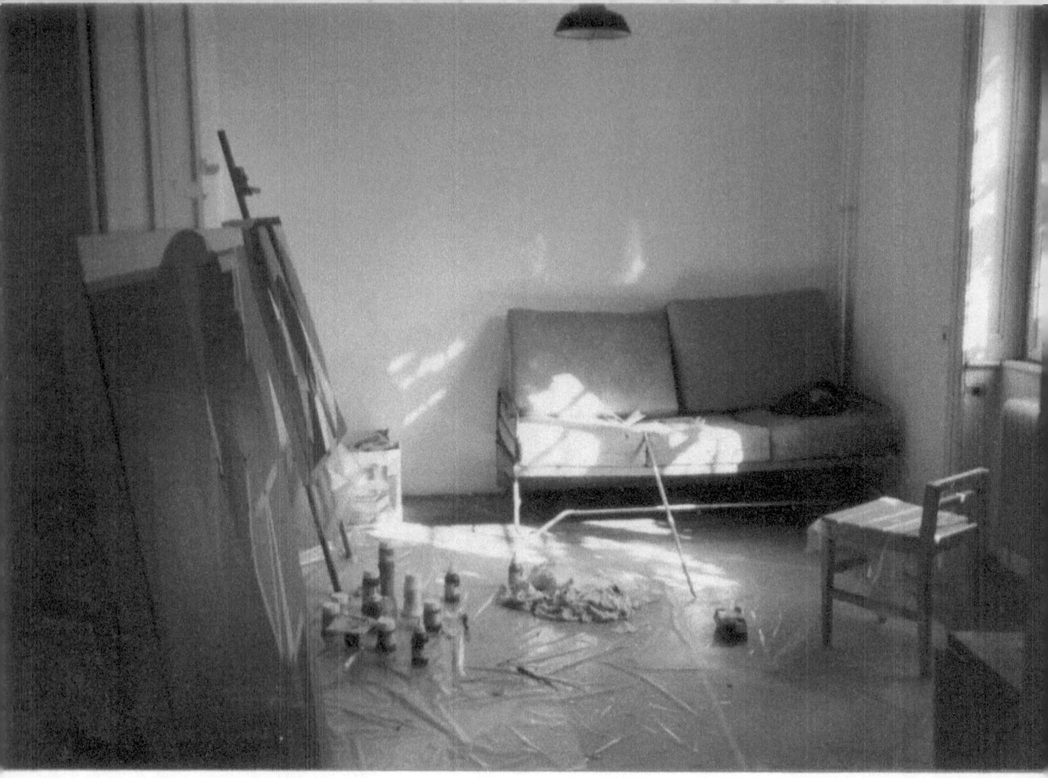

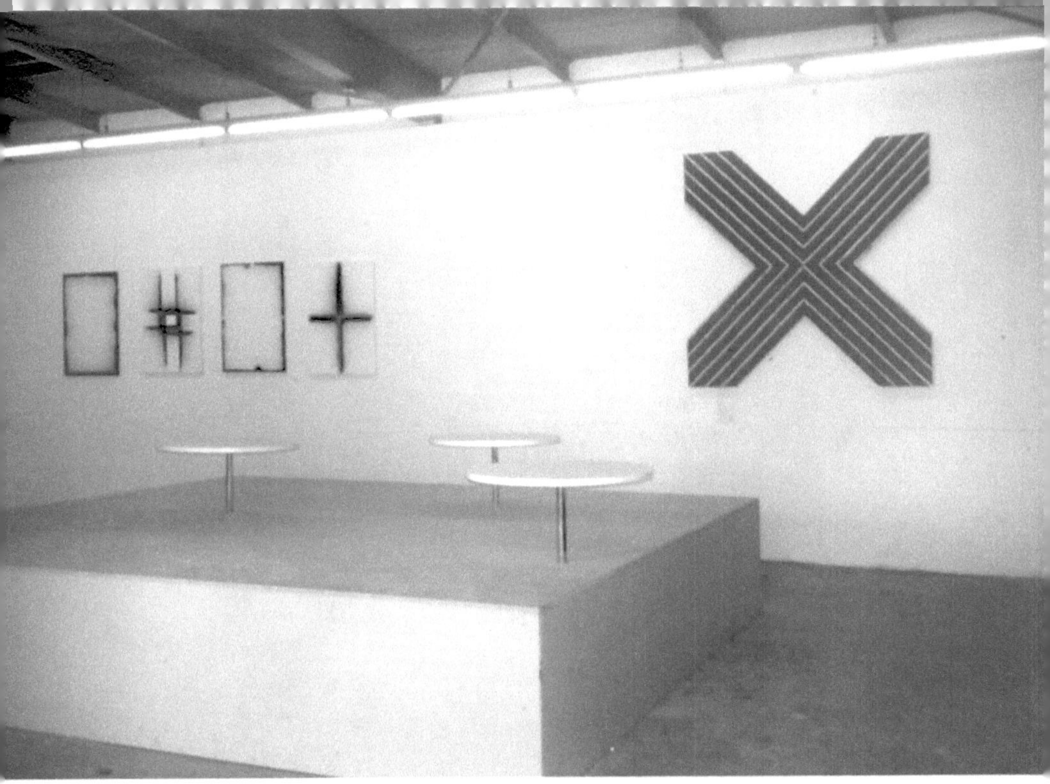

Ansicht Flur vom Eingang aus mit Zimmer links und Kabinett rechts

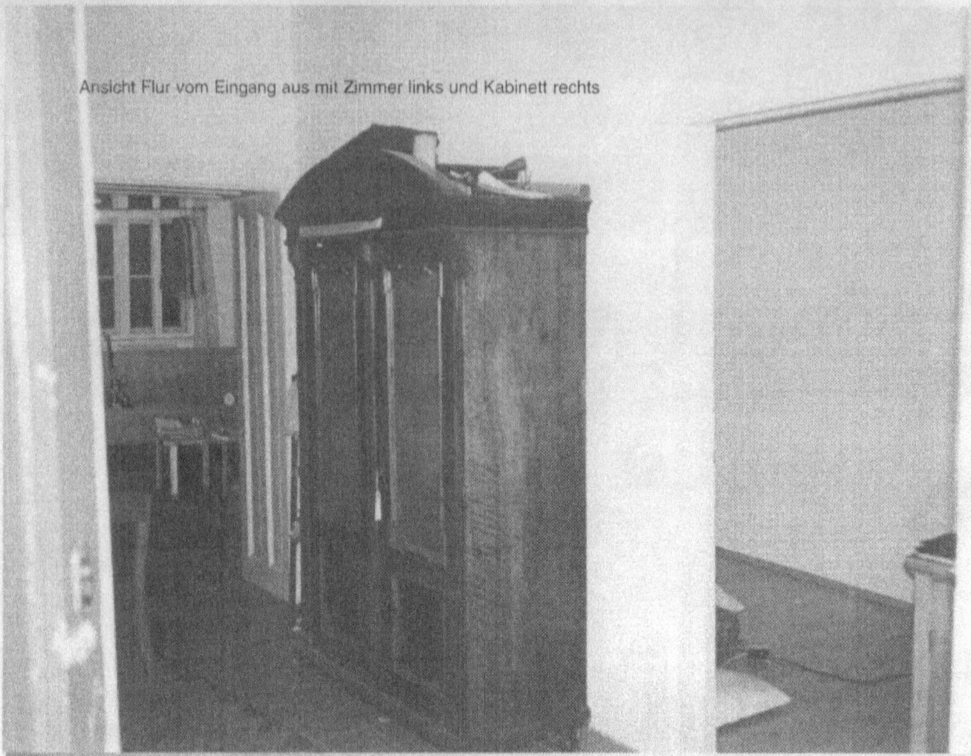

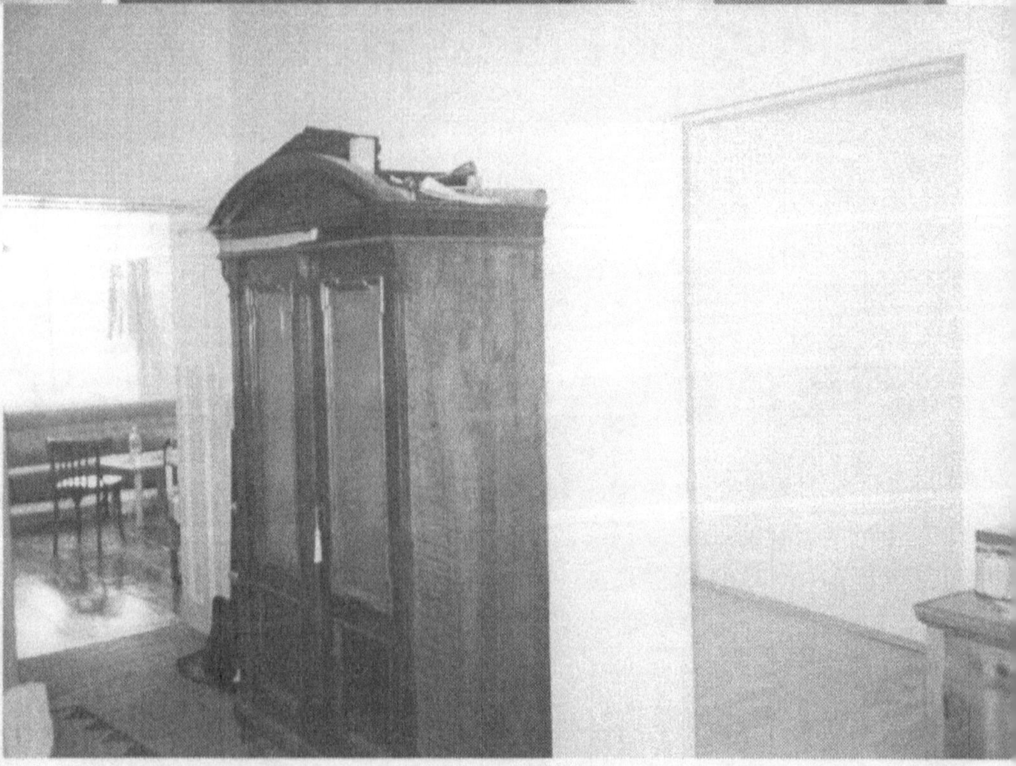

Ansicht Zimmer von Tür aus

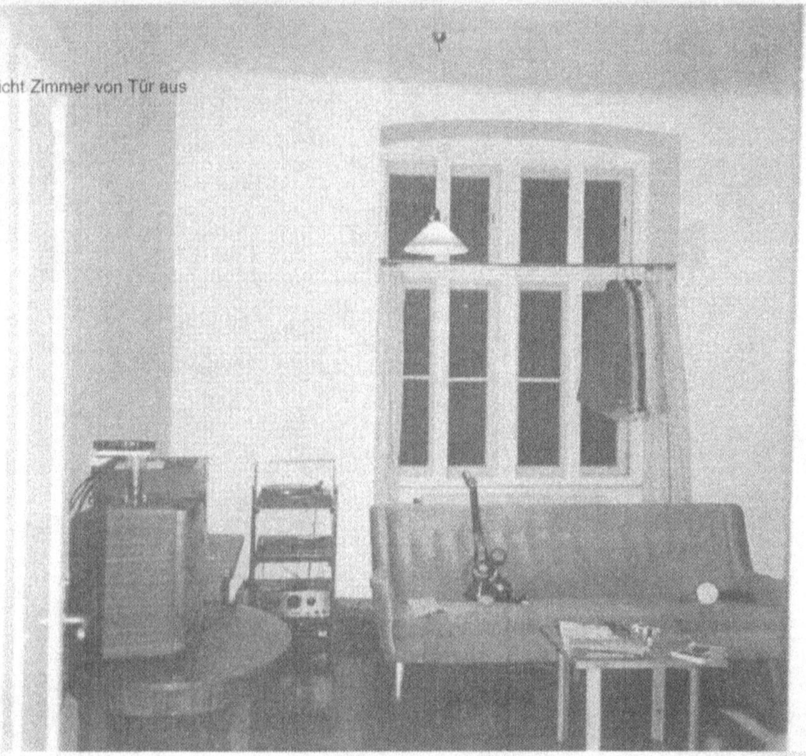

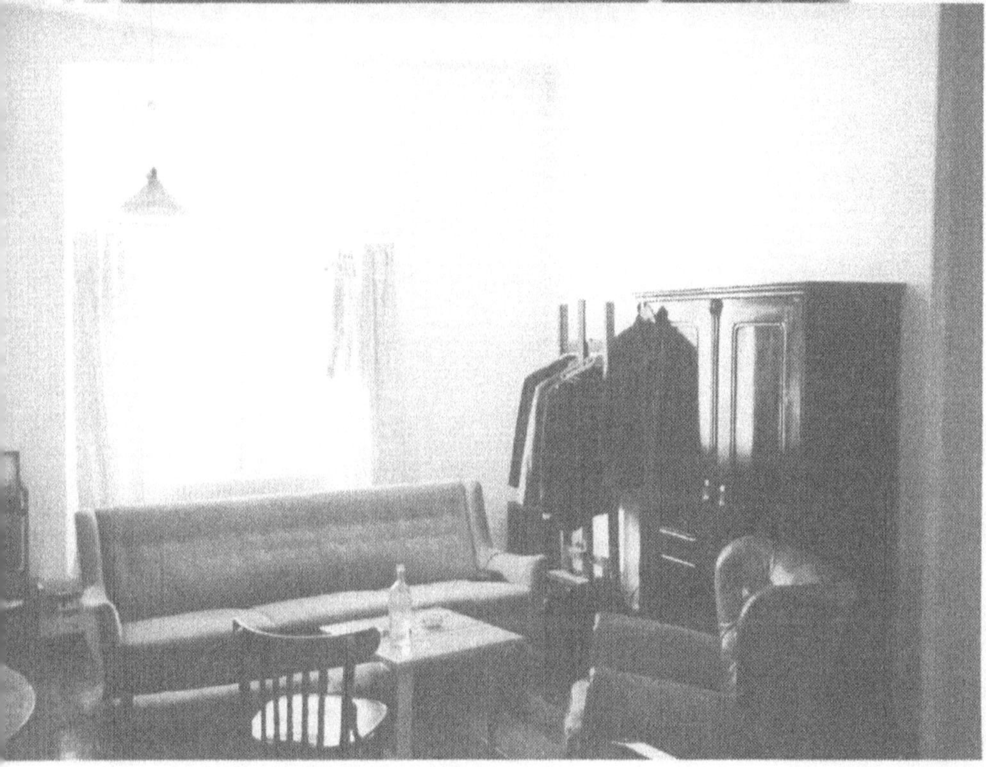

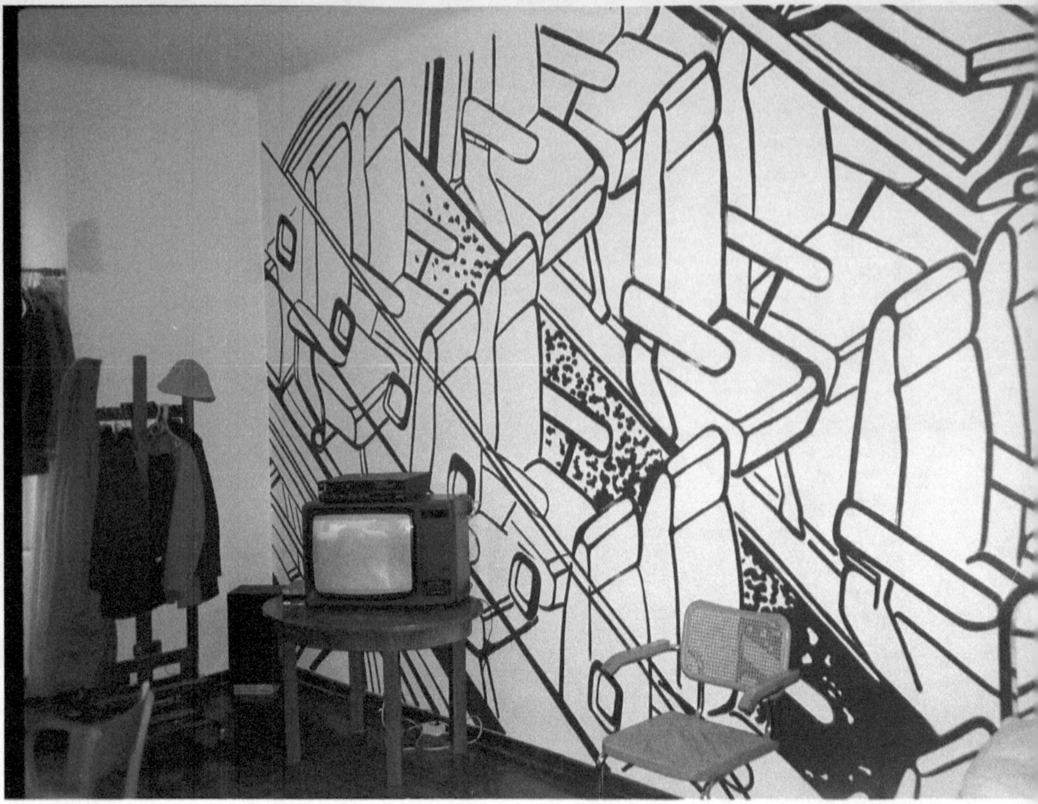

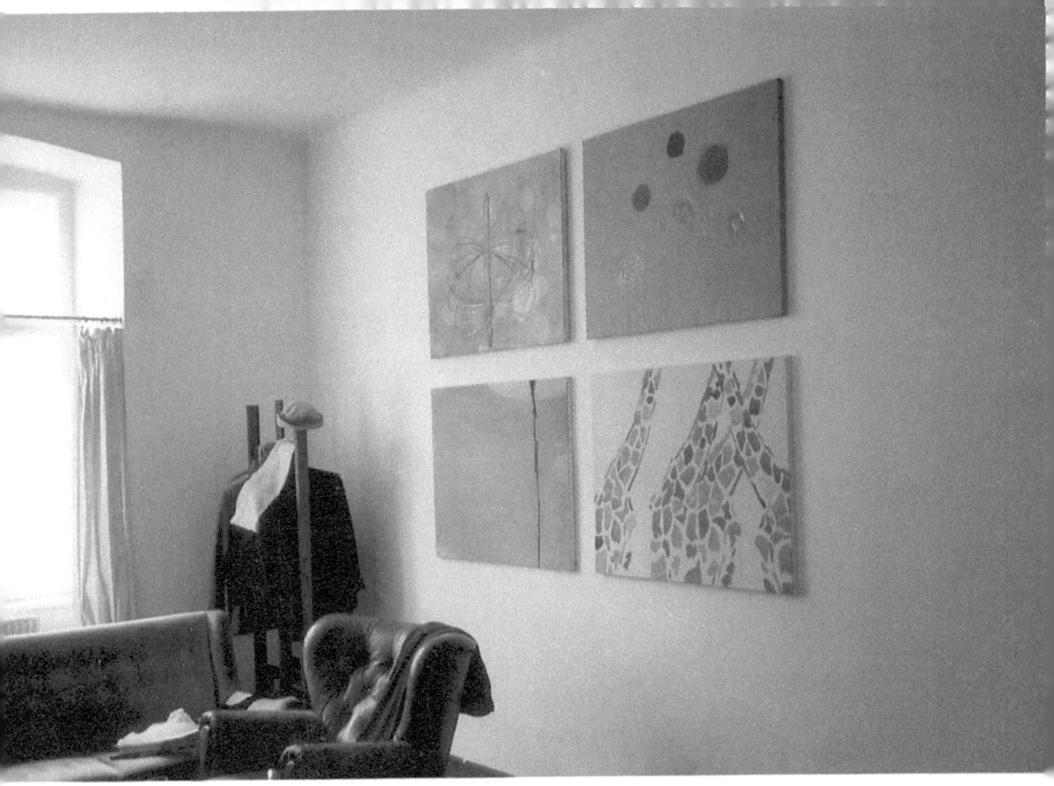

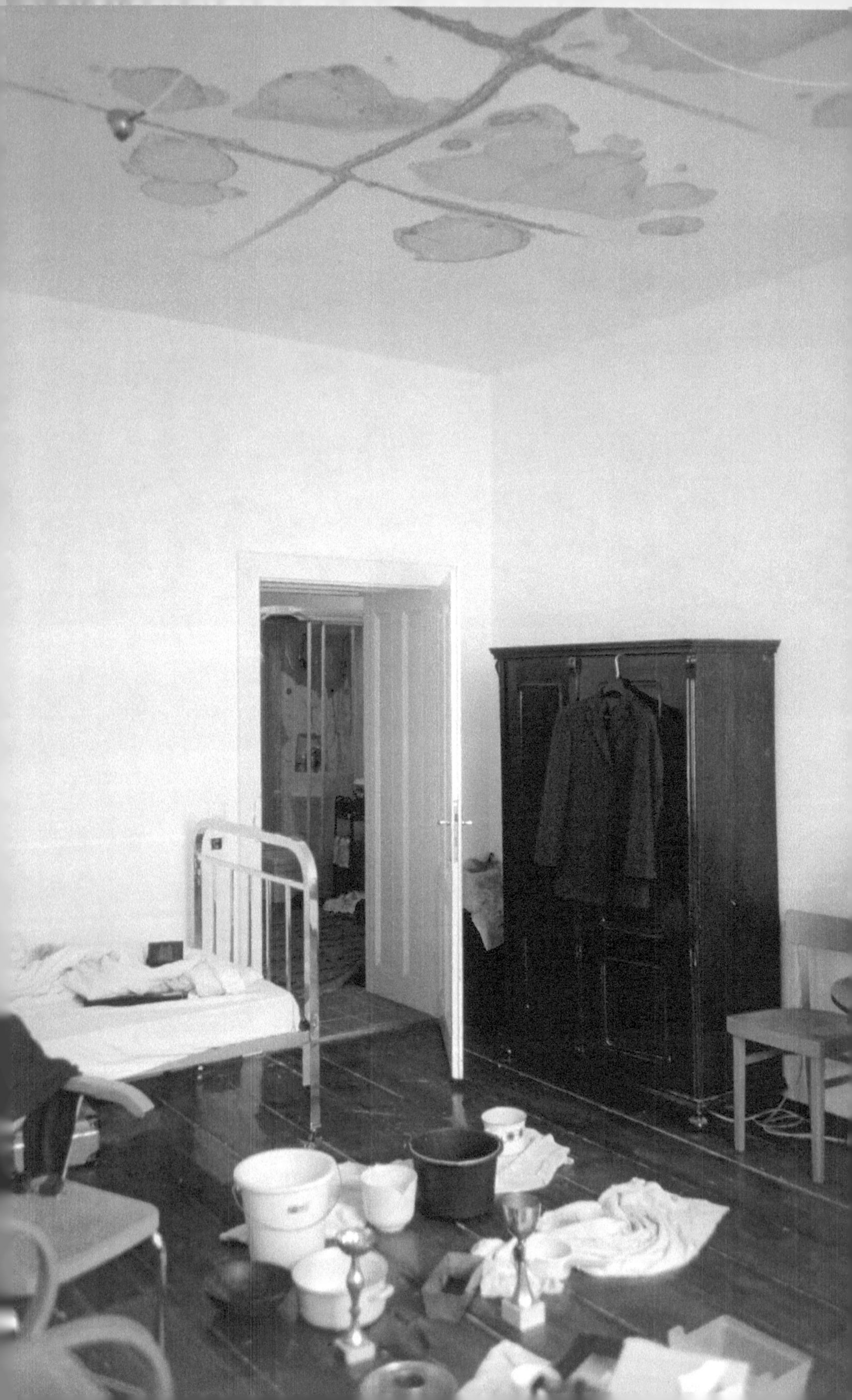

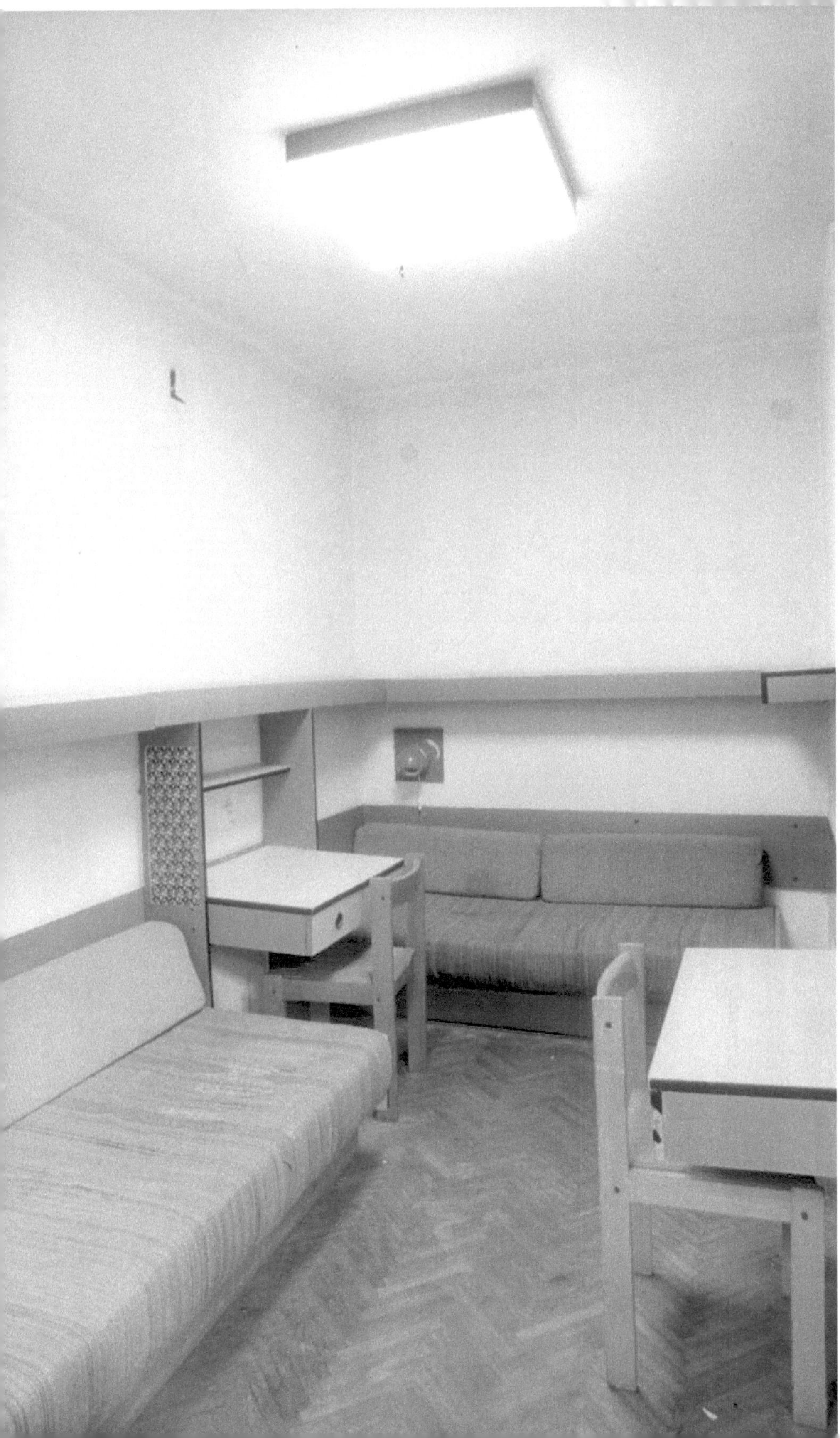

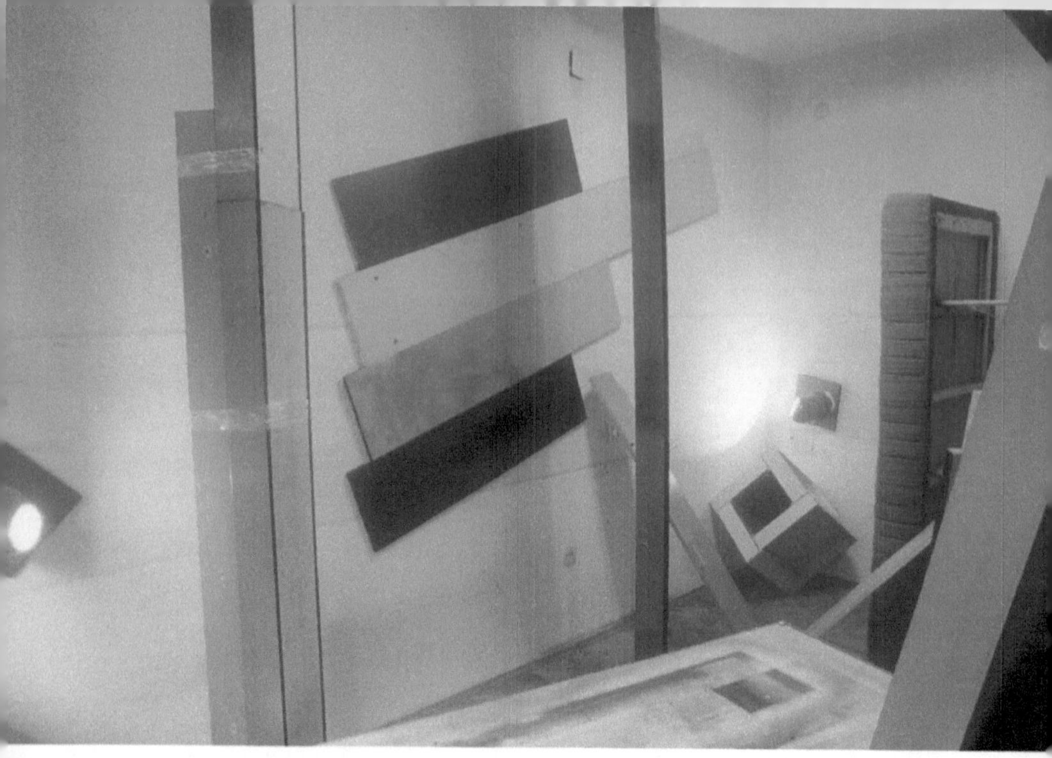

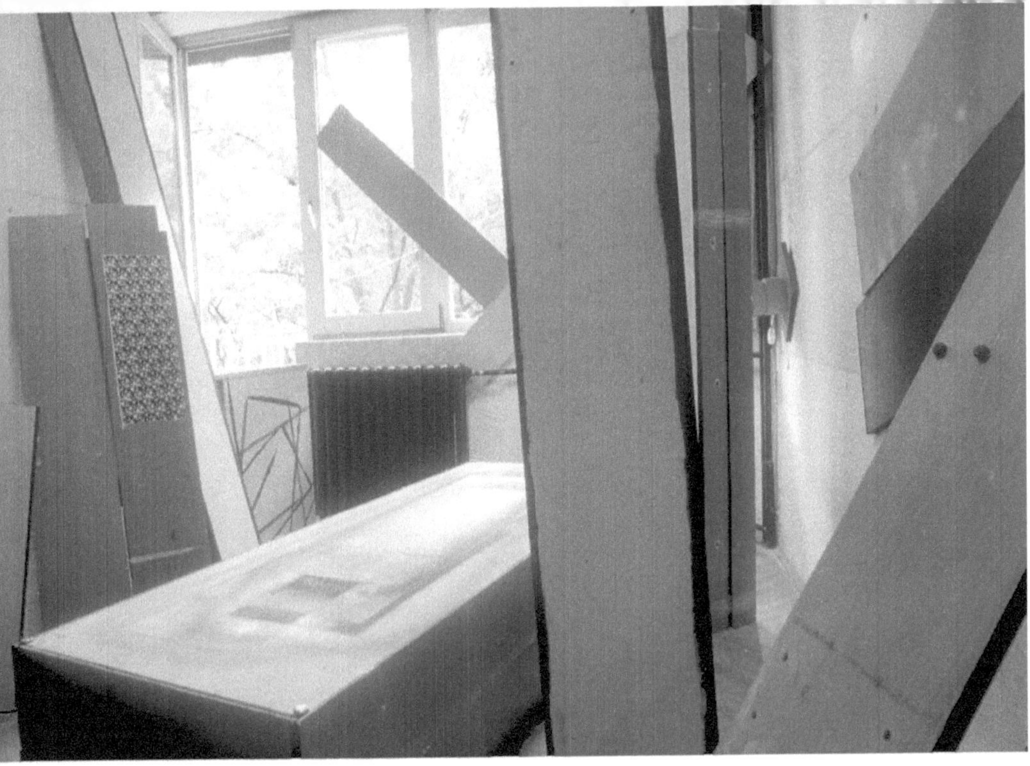

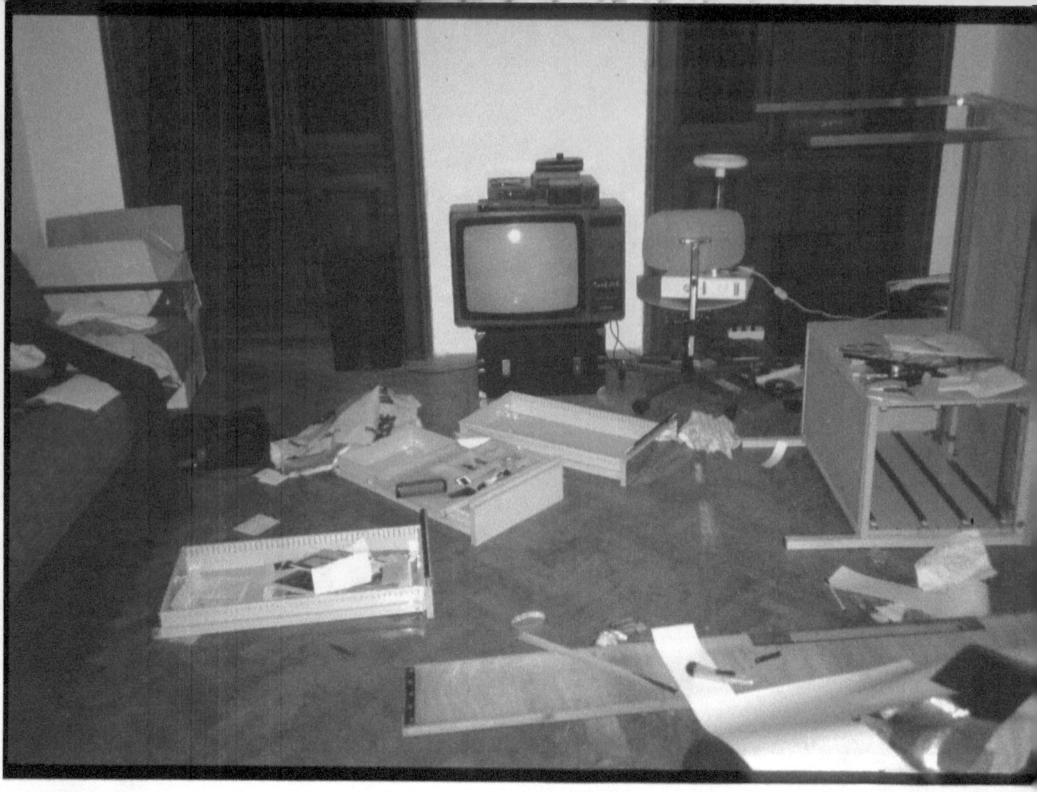

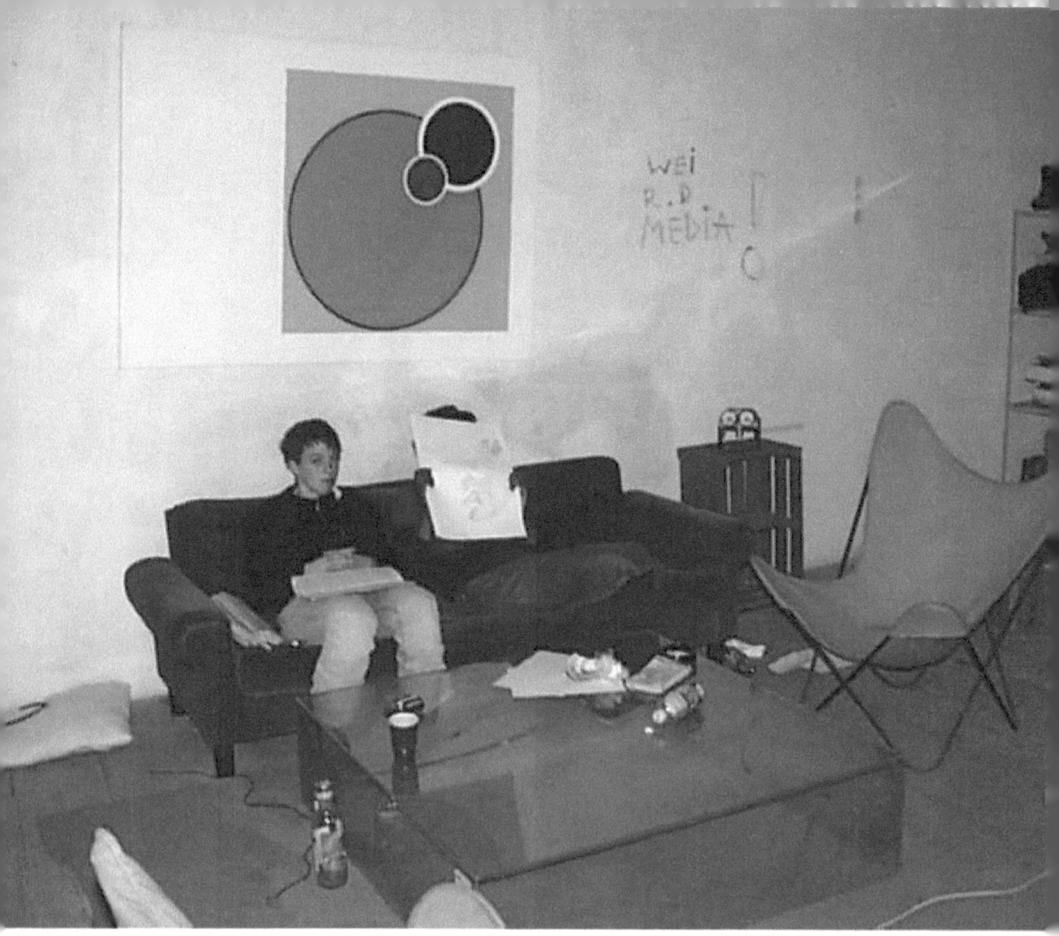
wei
MEDIA

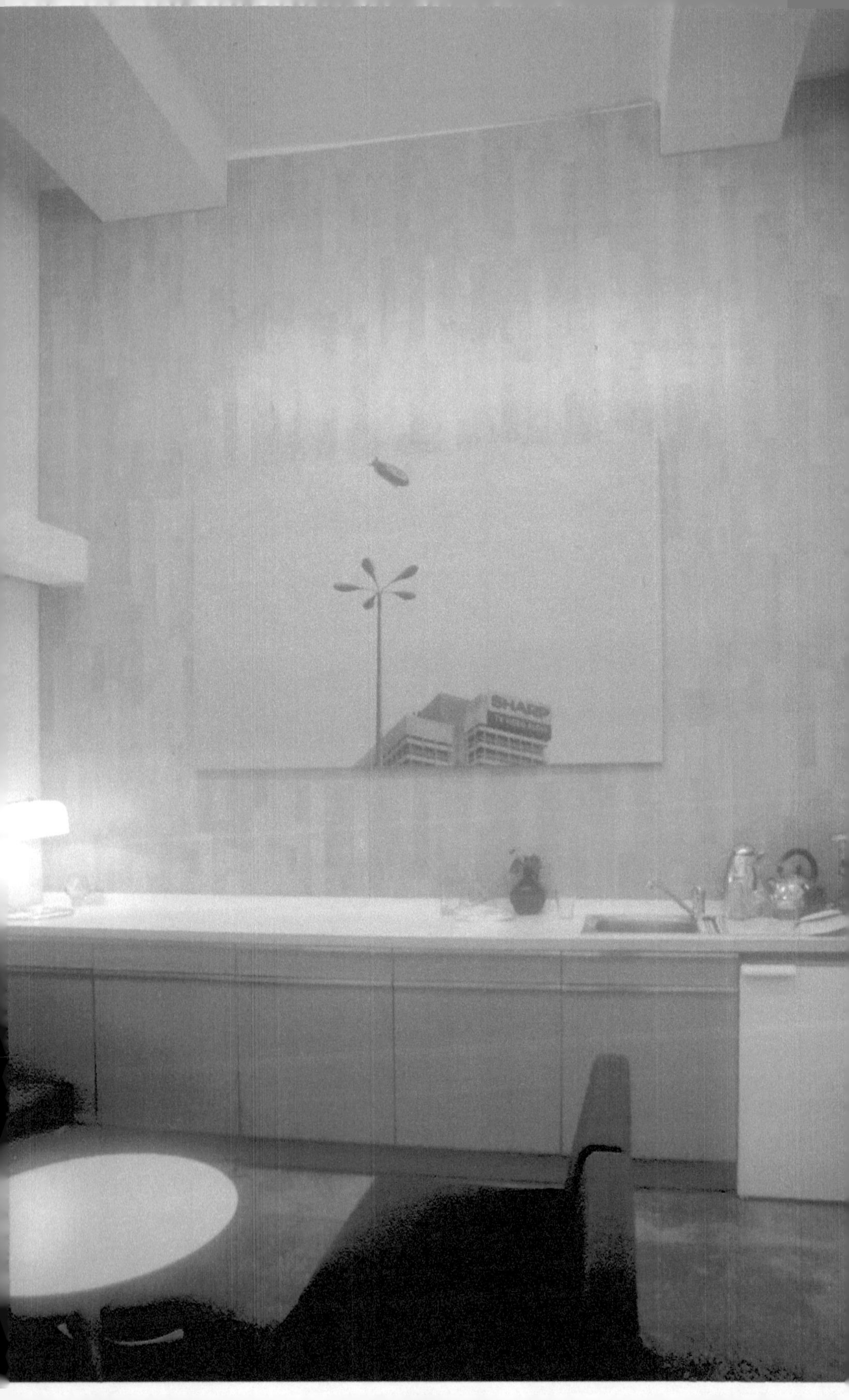
SHARP

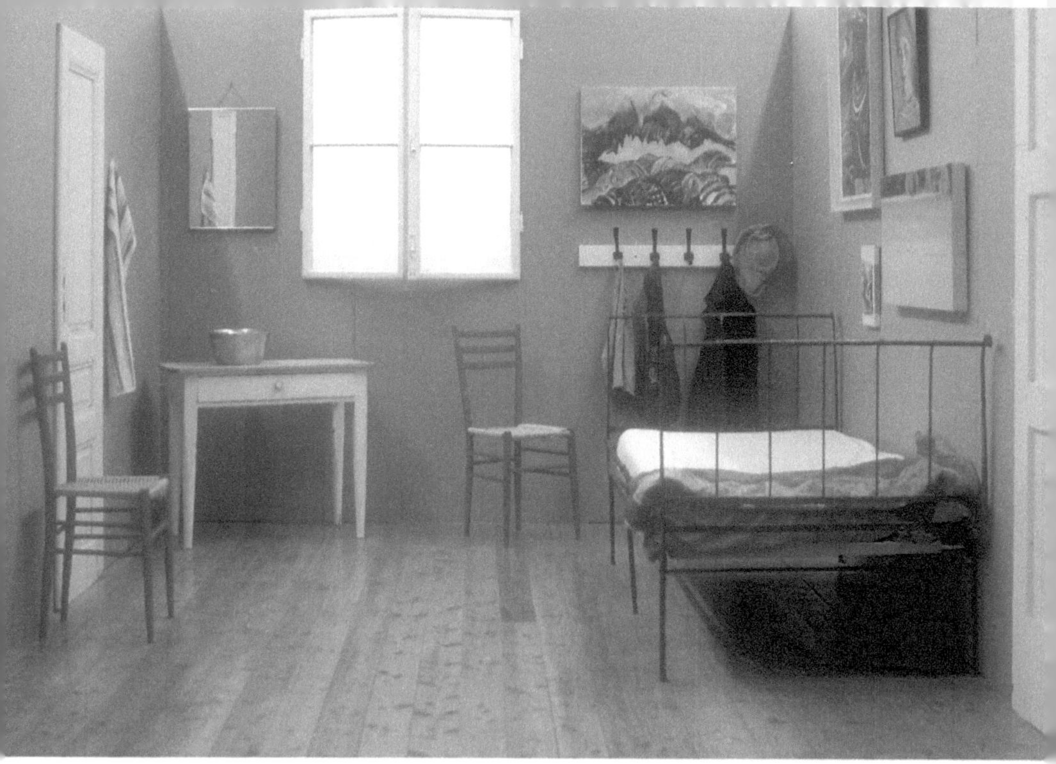

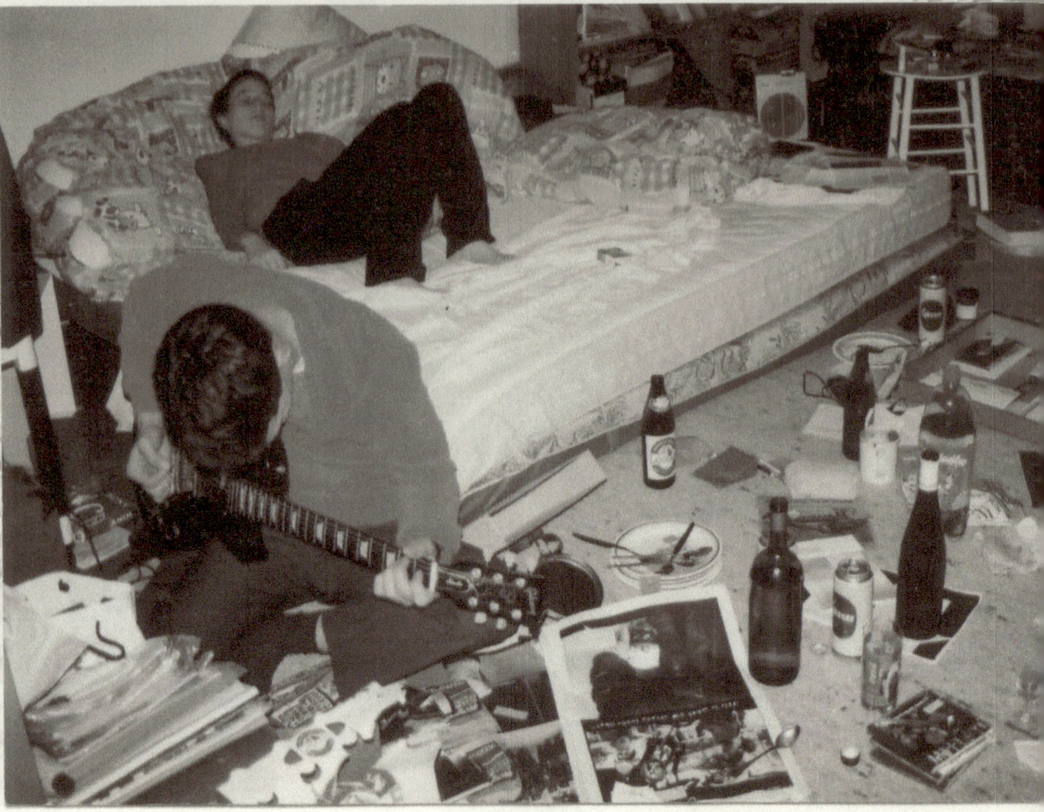

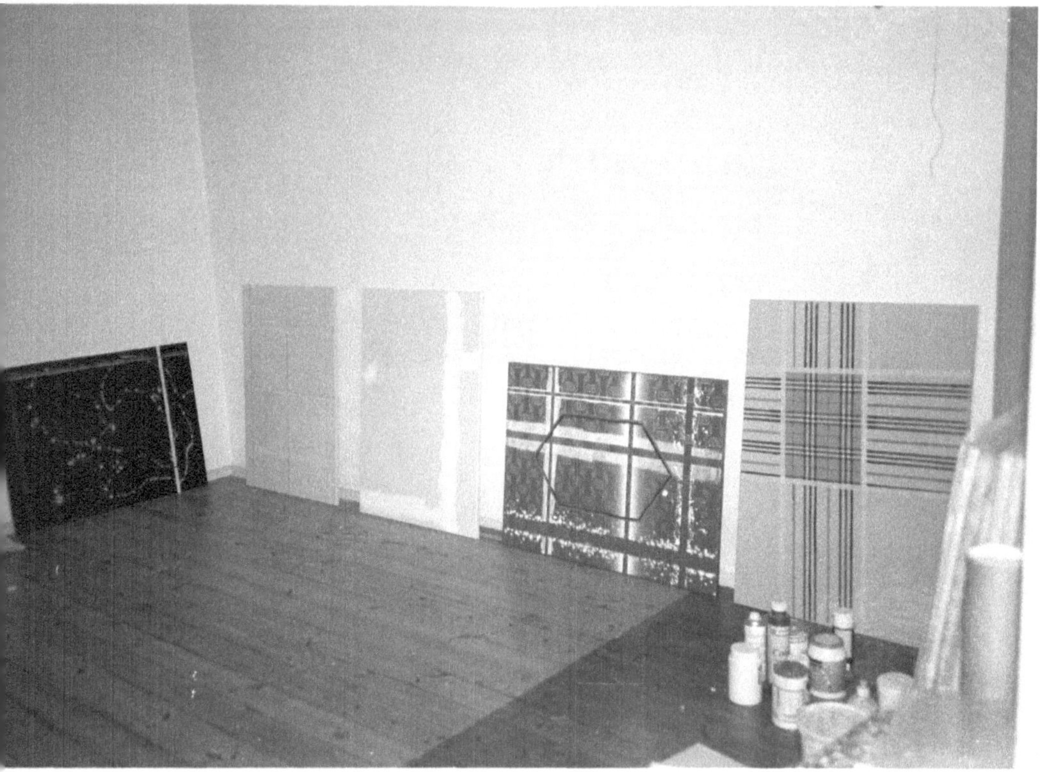

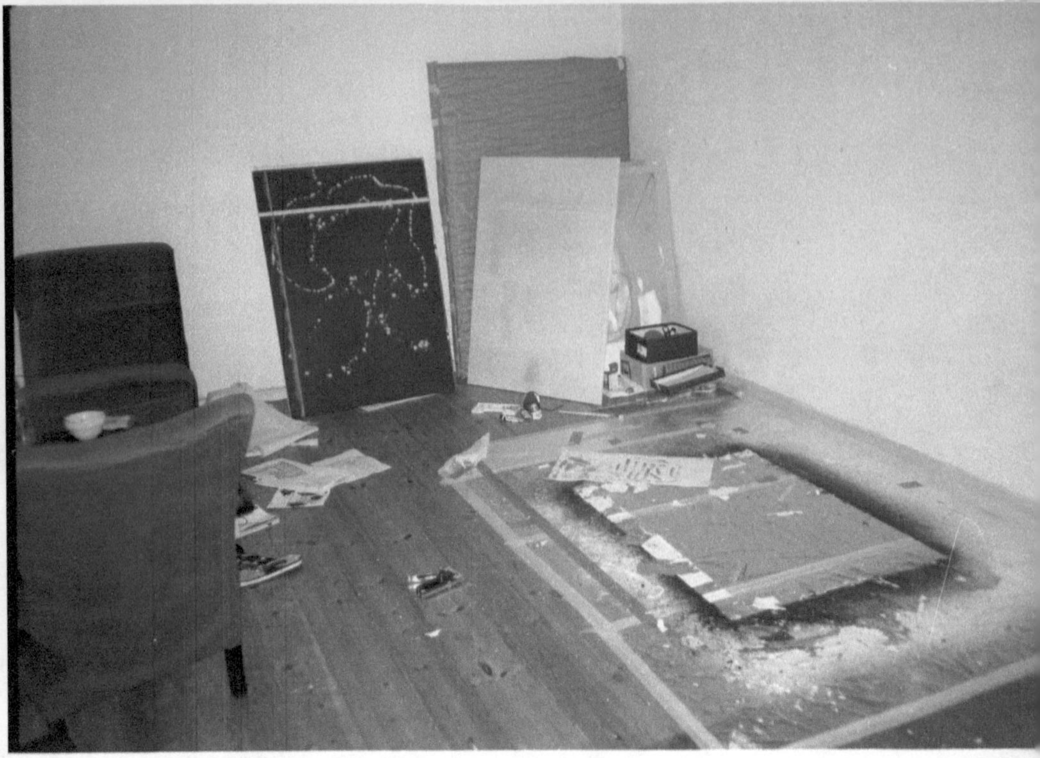

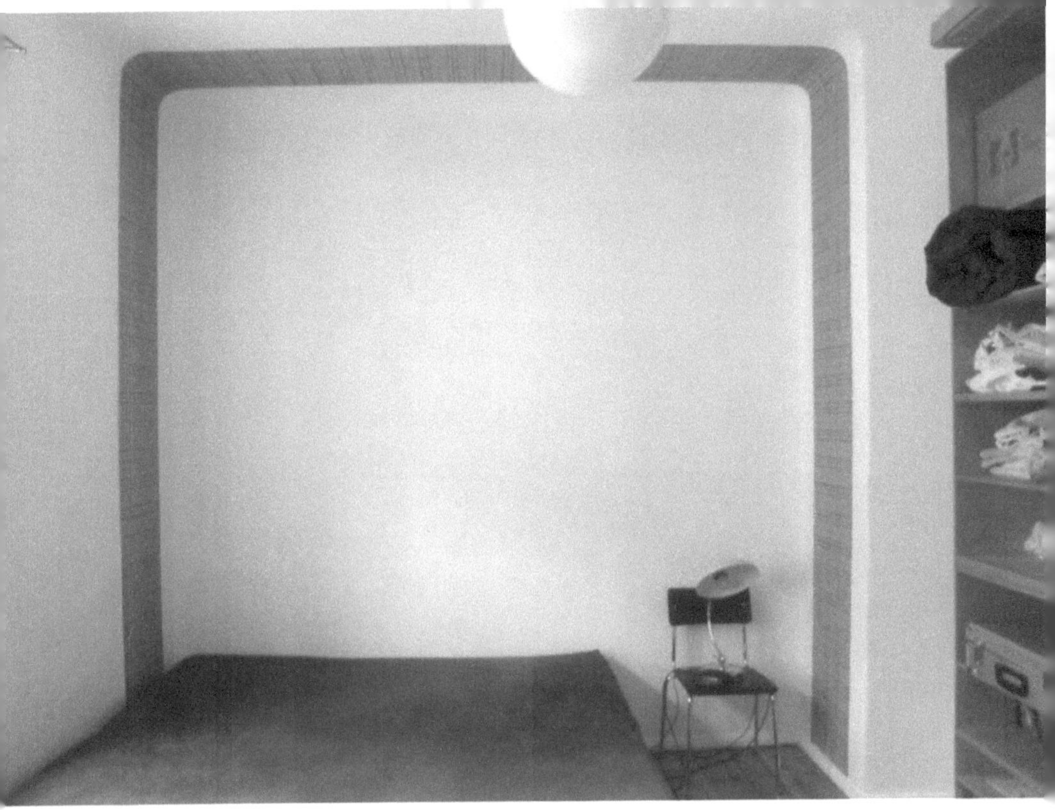

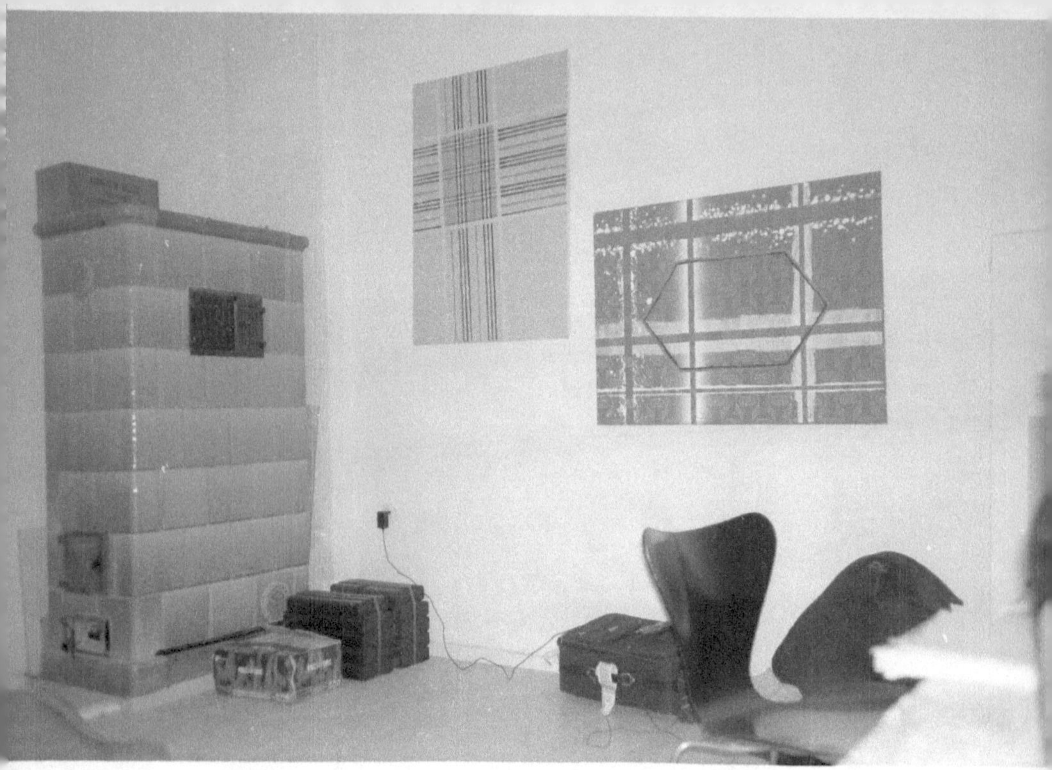

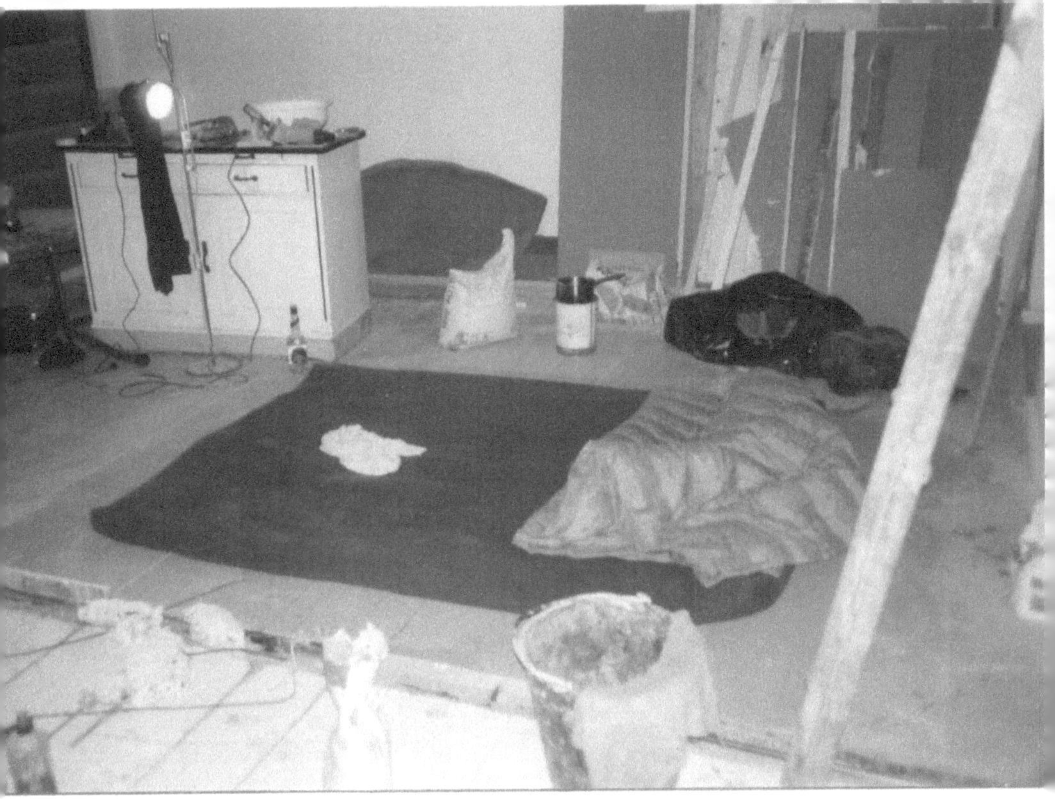

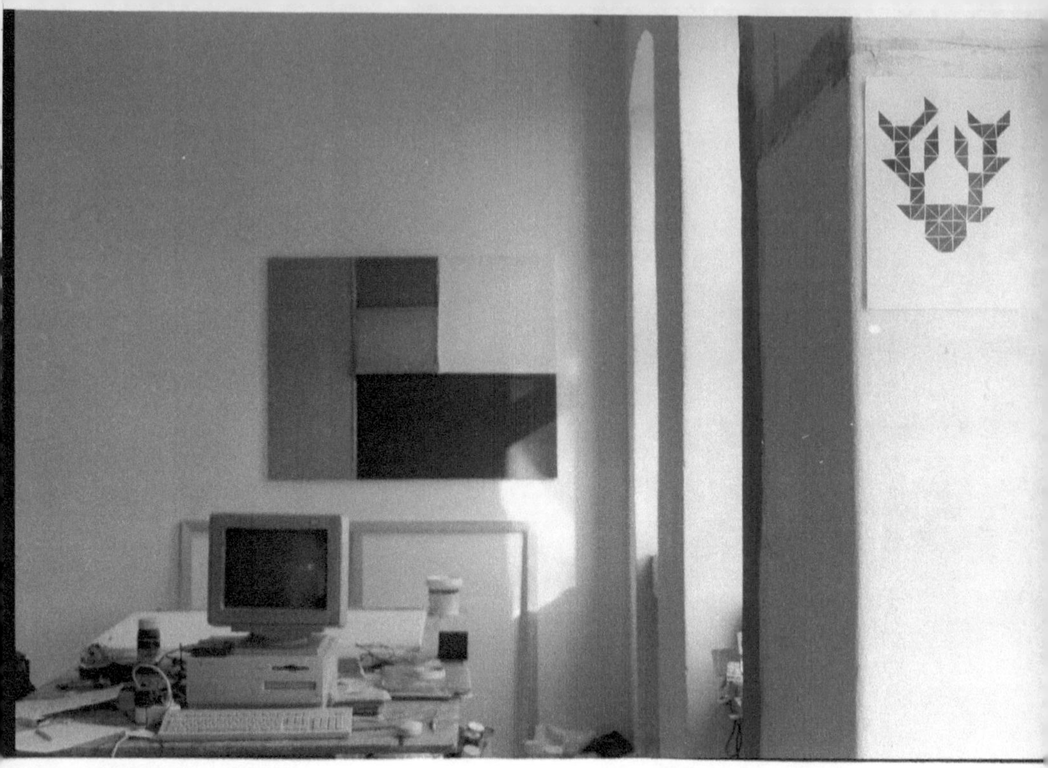

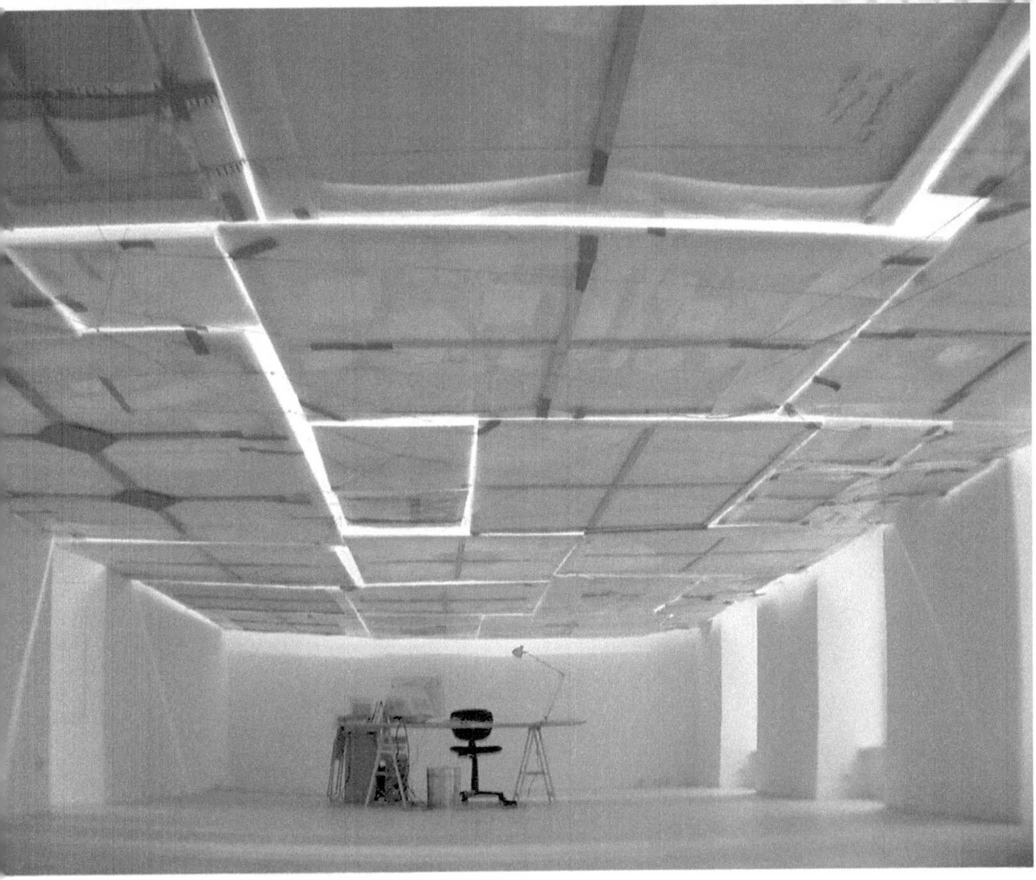

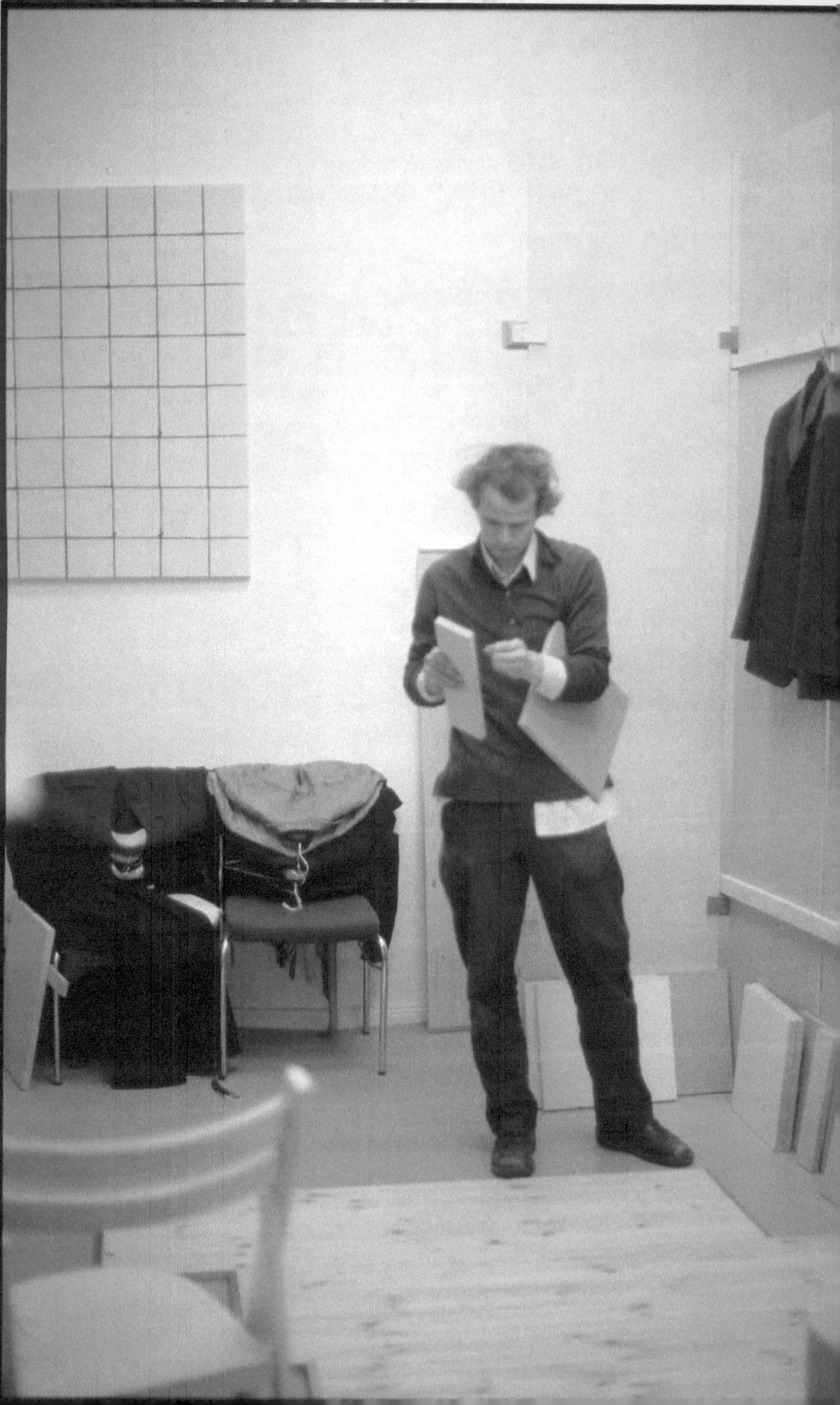

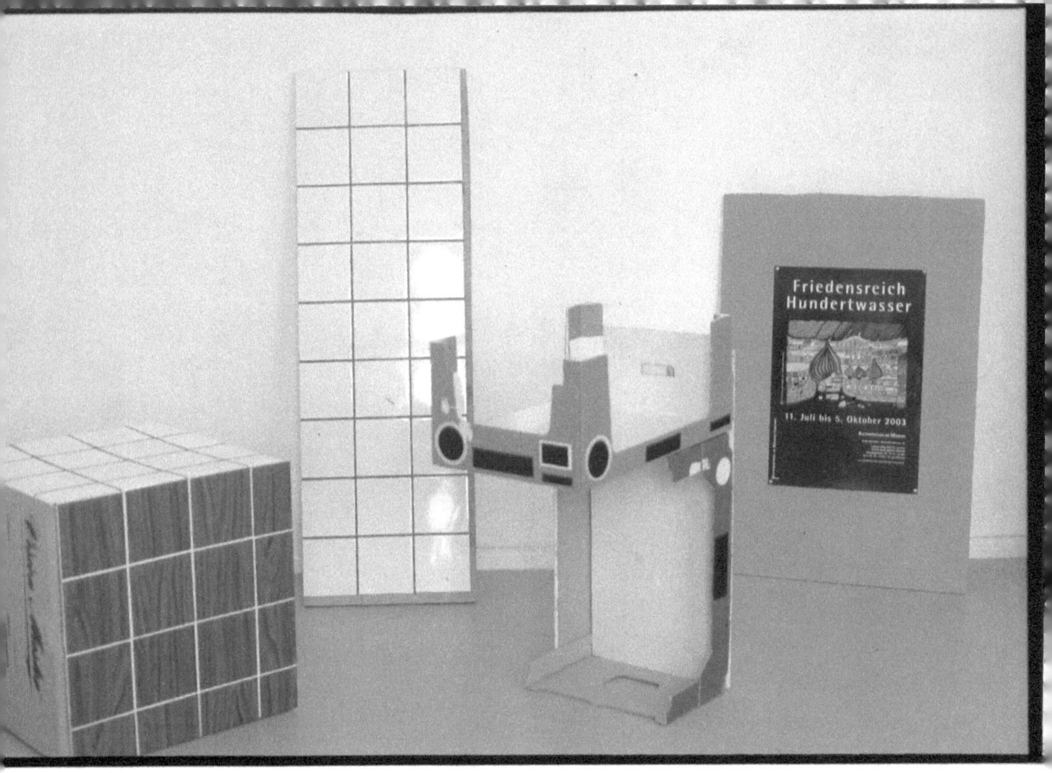
Friedensreich
Hundertwasser
11. Juli bis 5. Oktober 2003

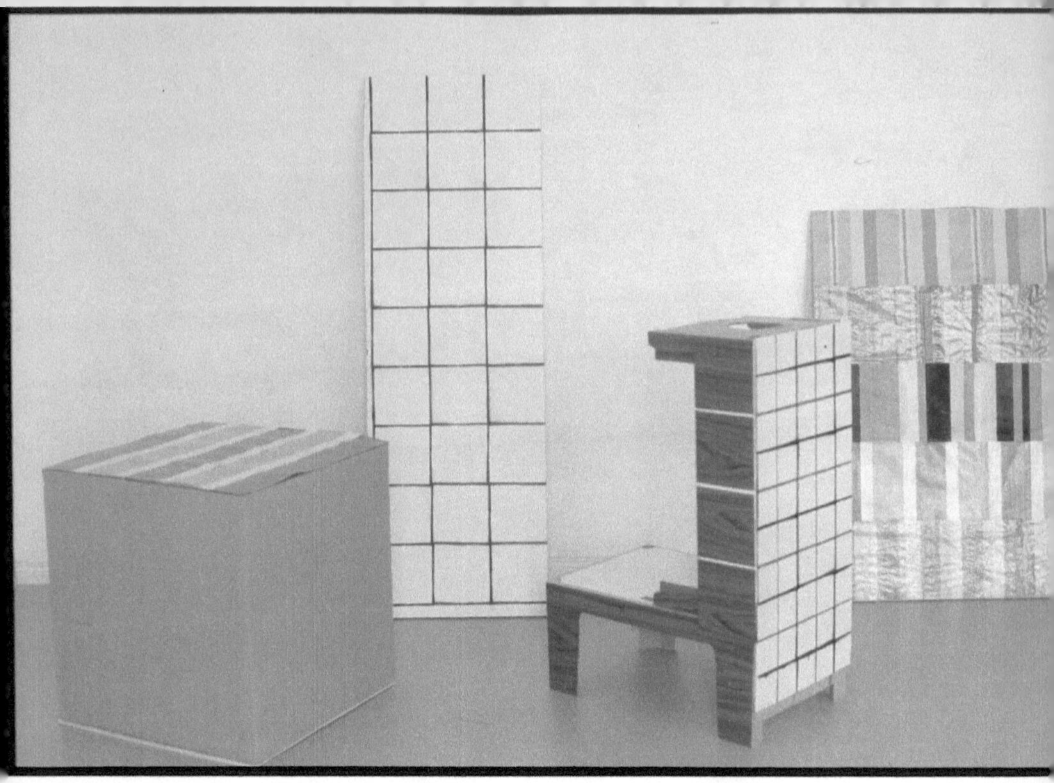

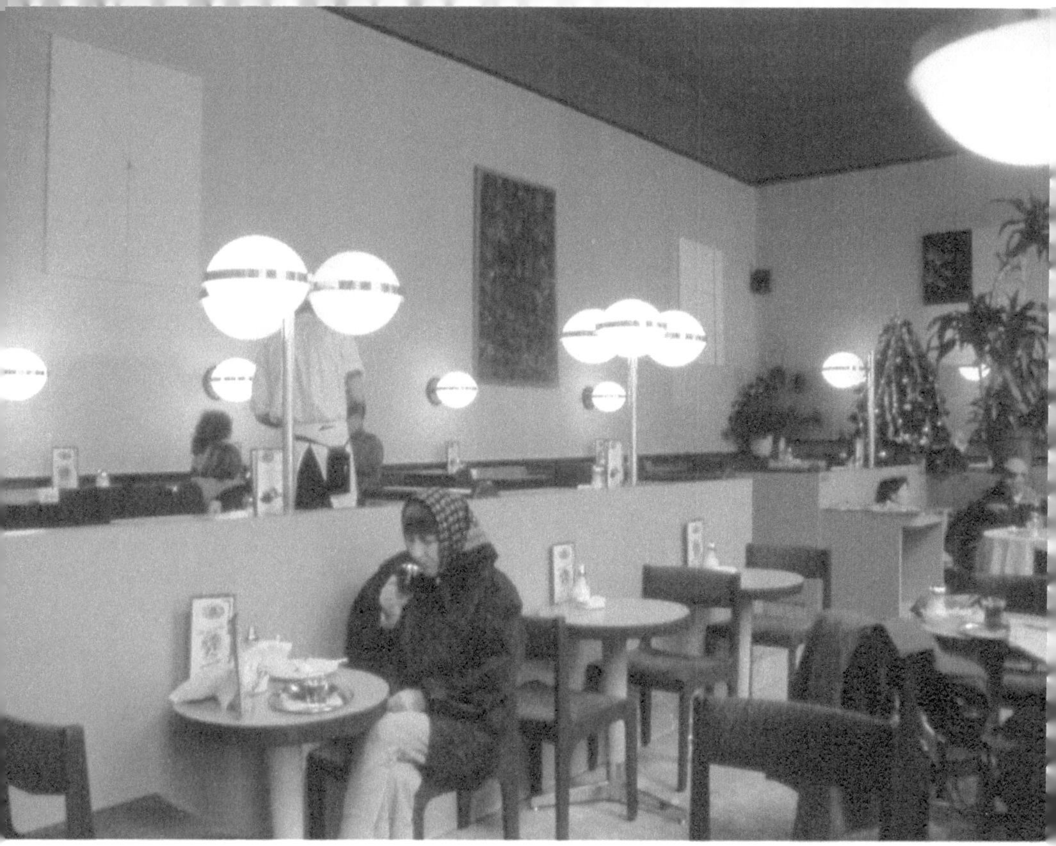

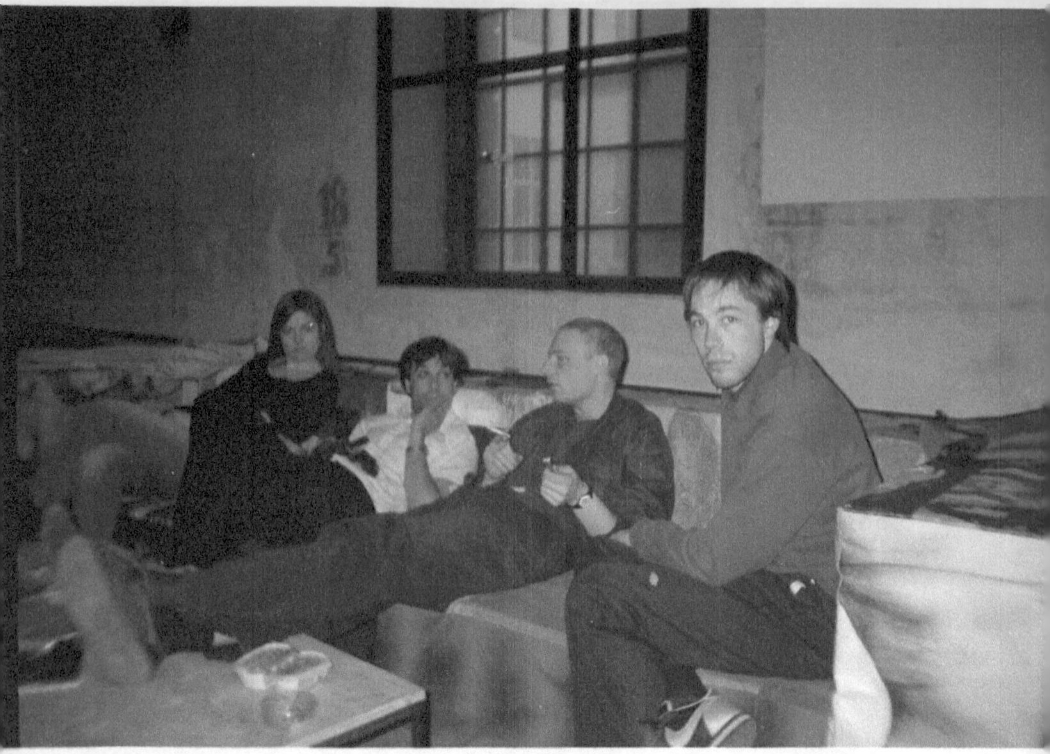

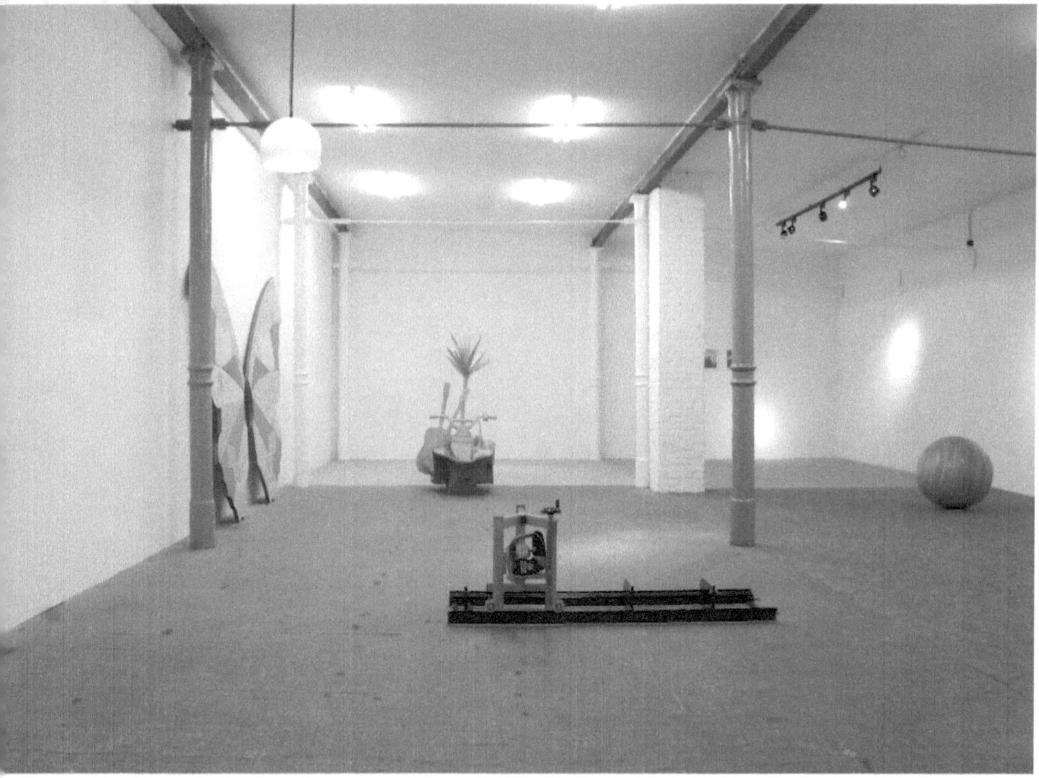

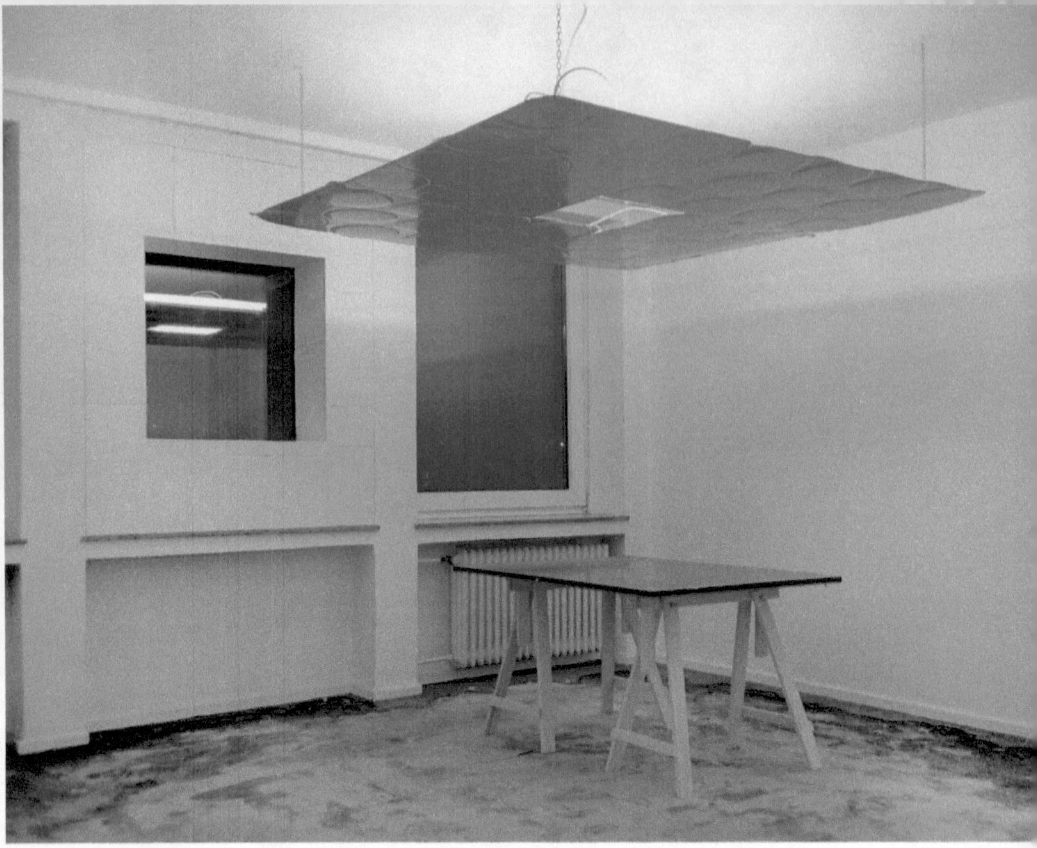

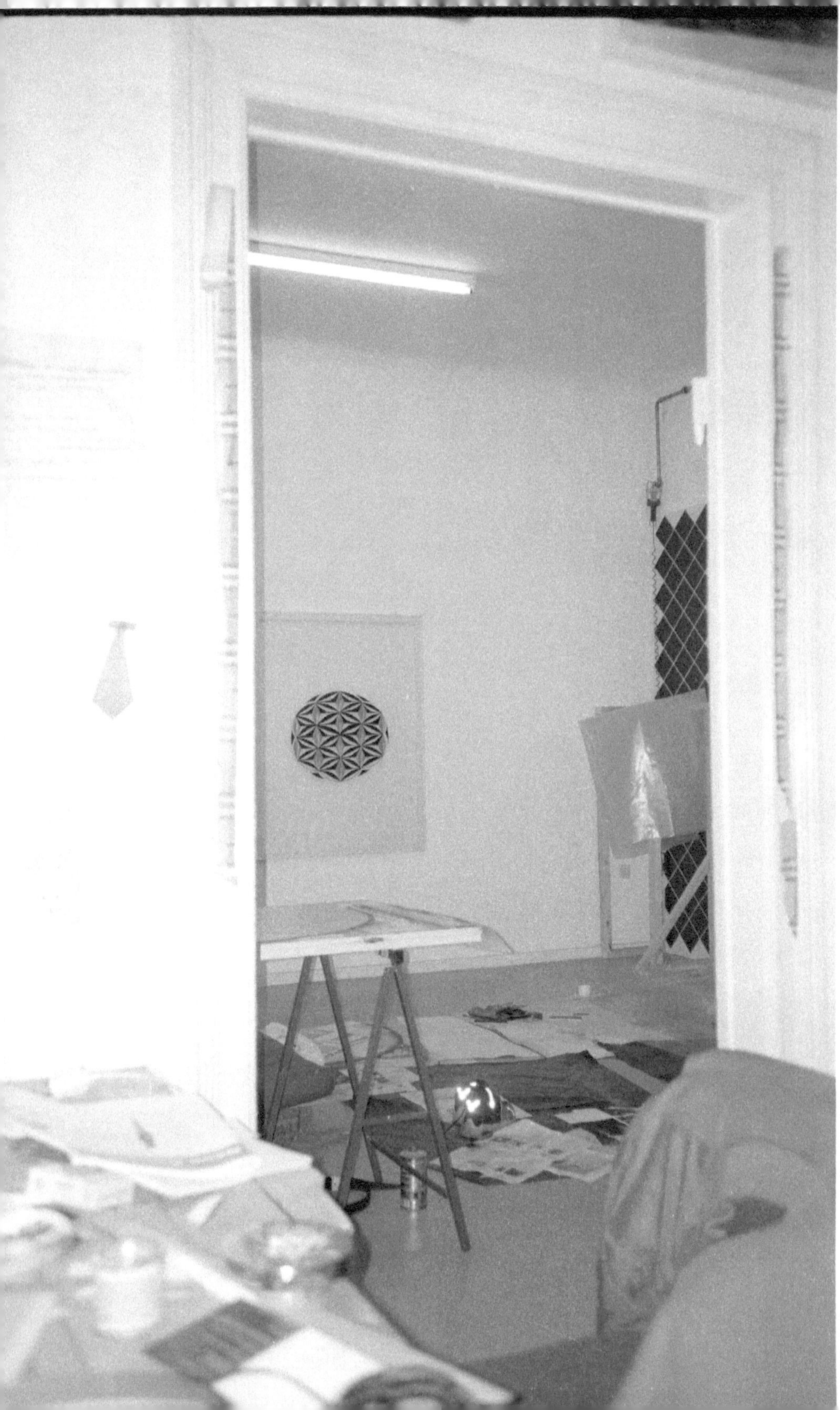

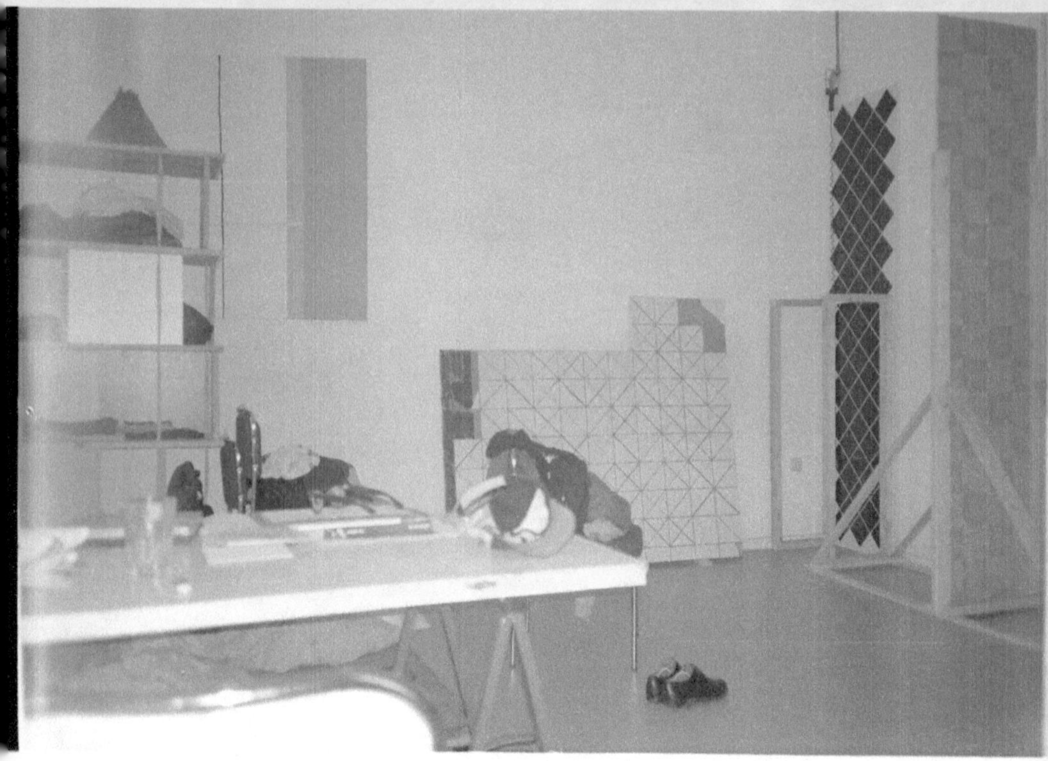

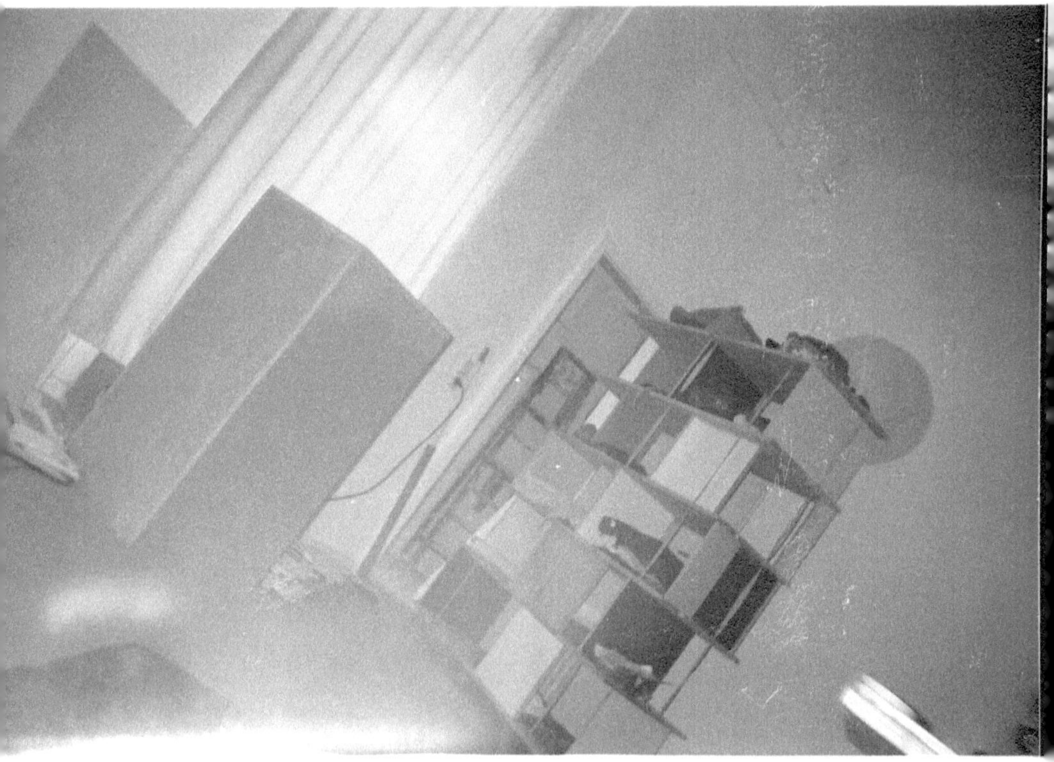

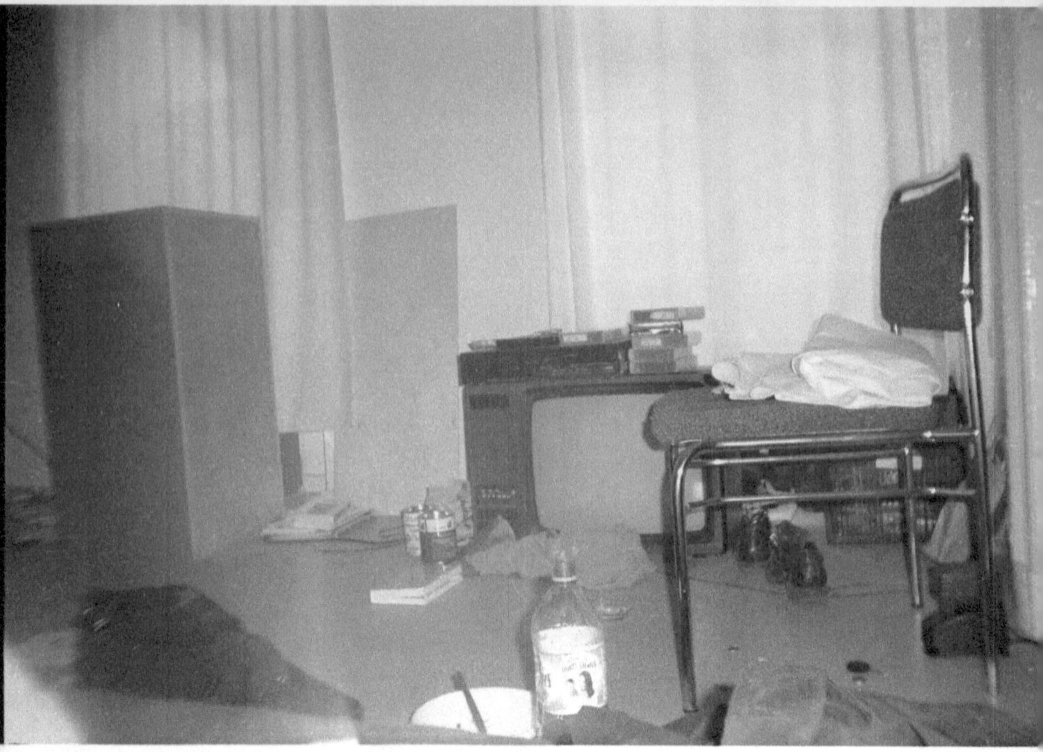

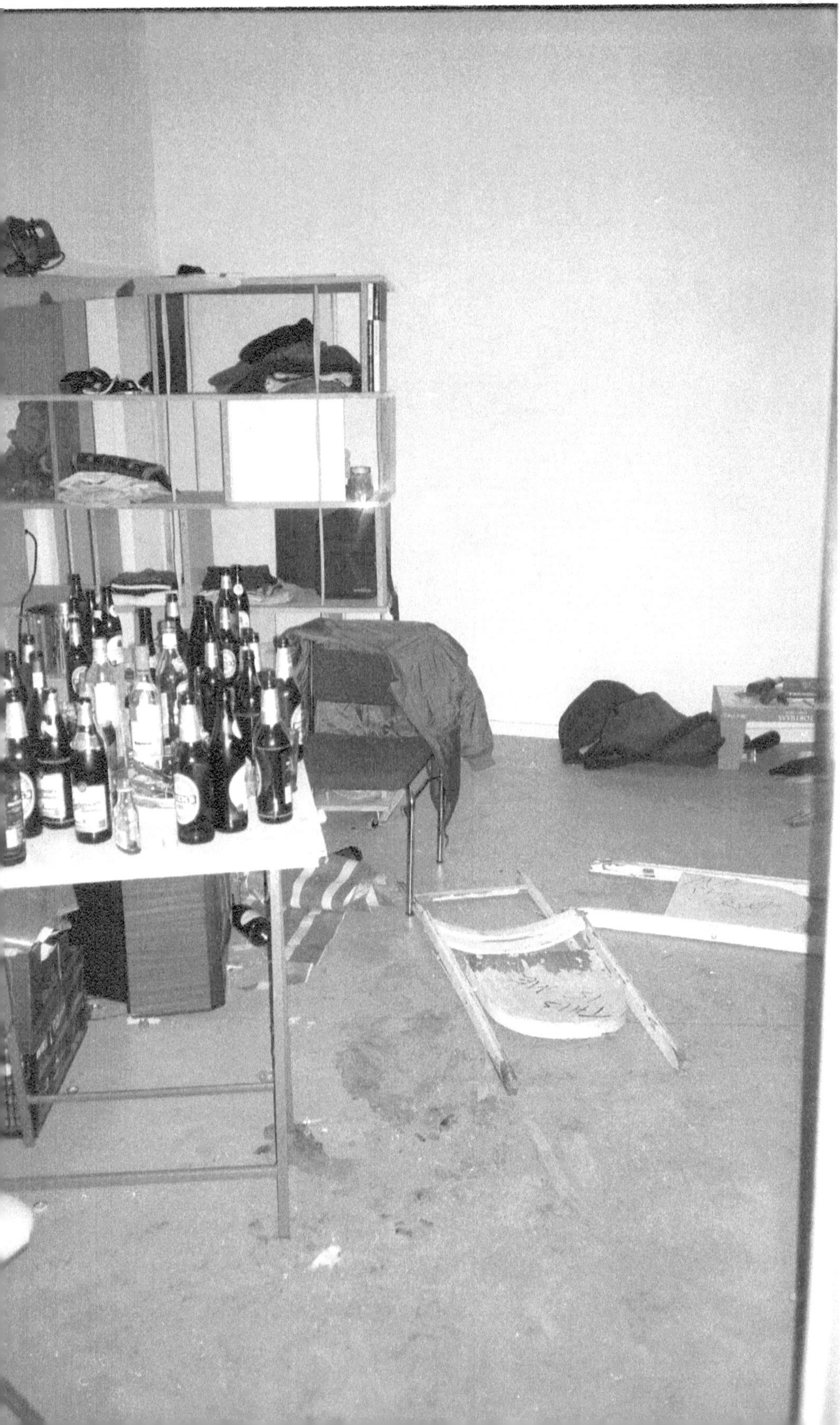

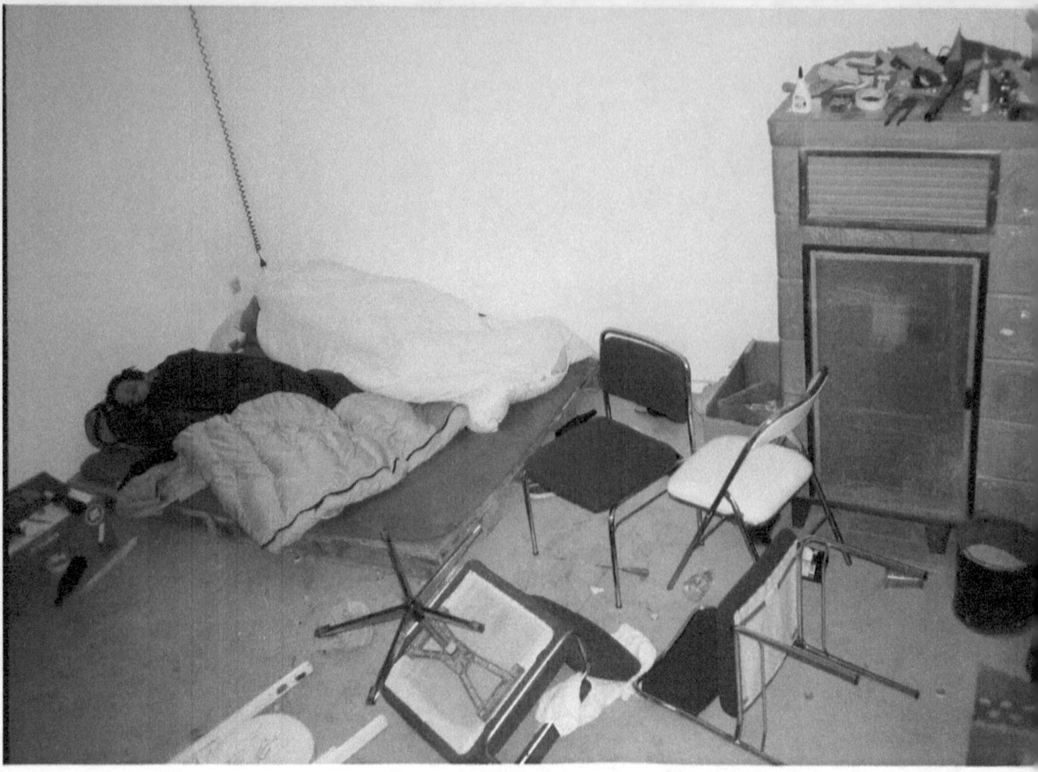

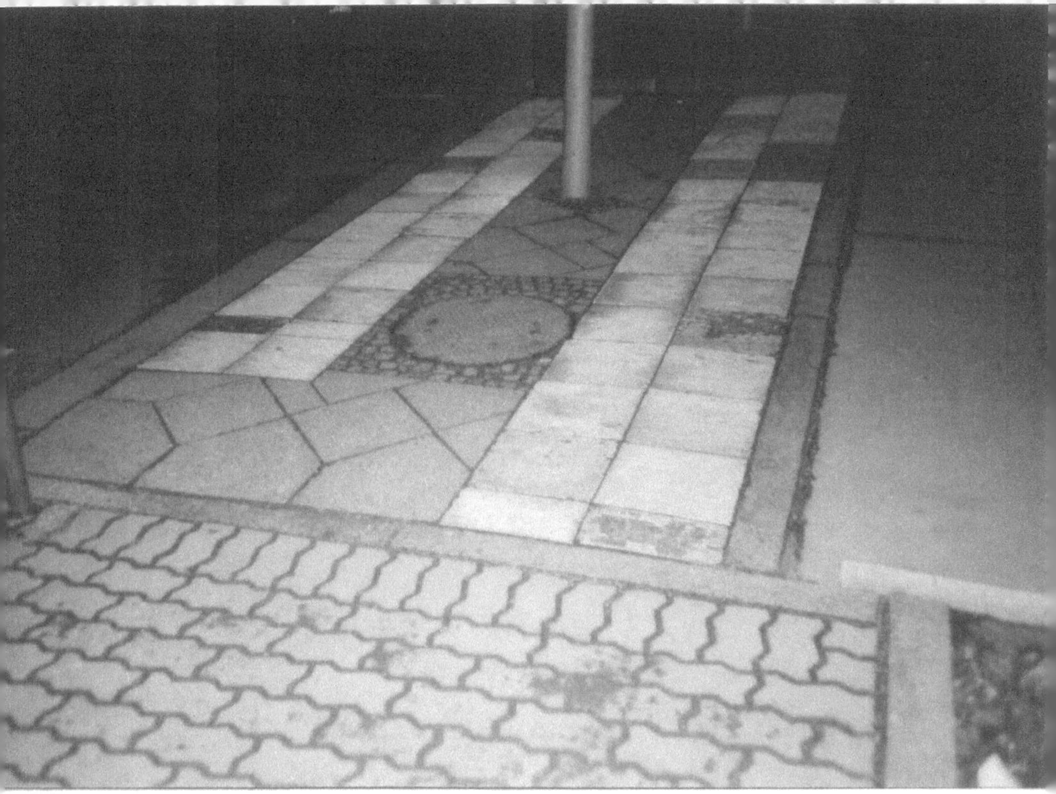

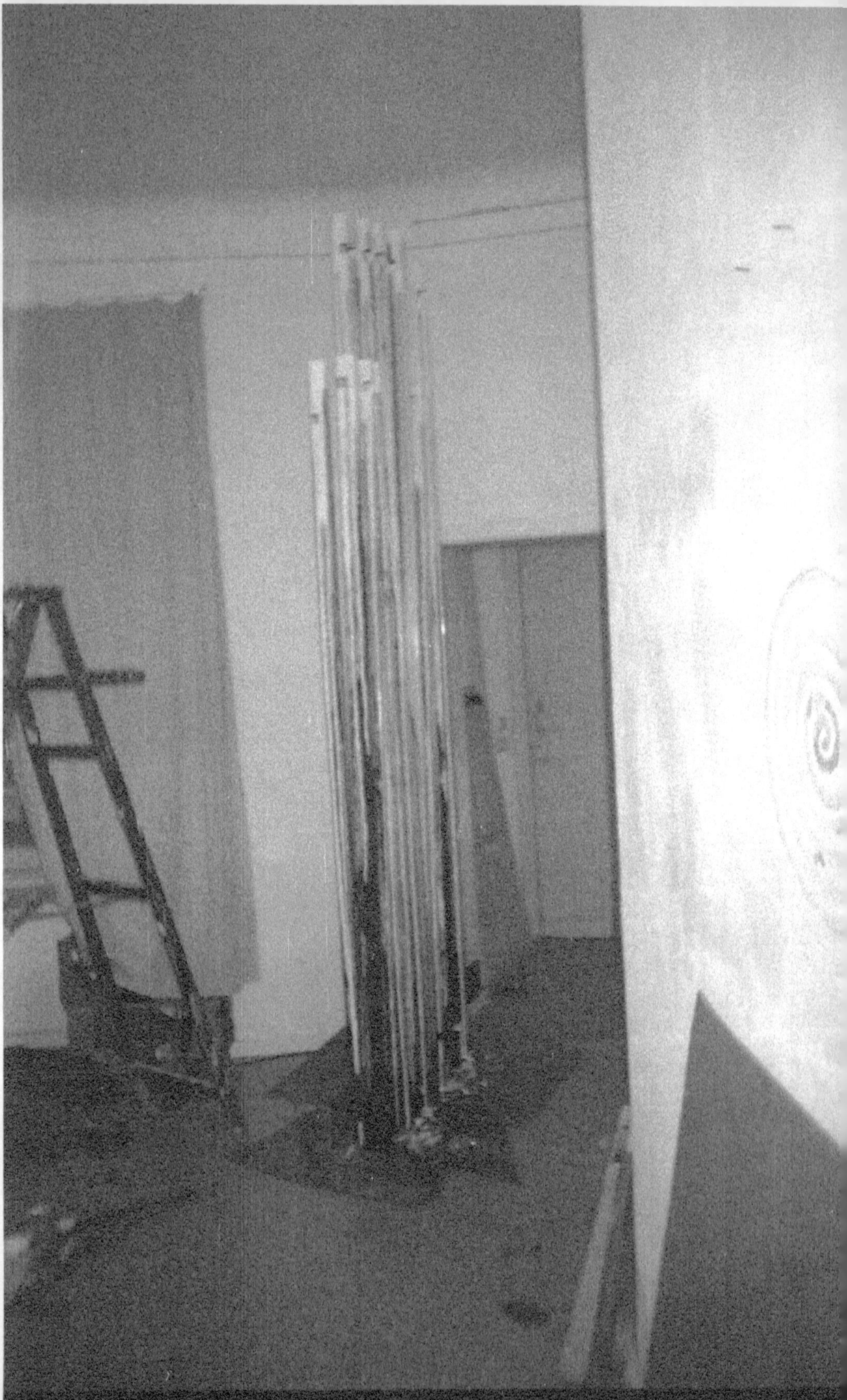

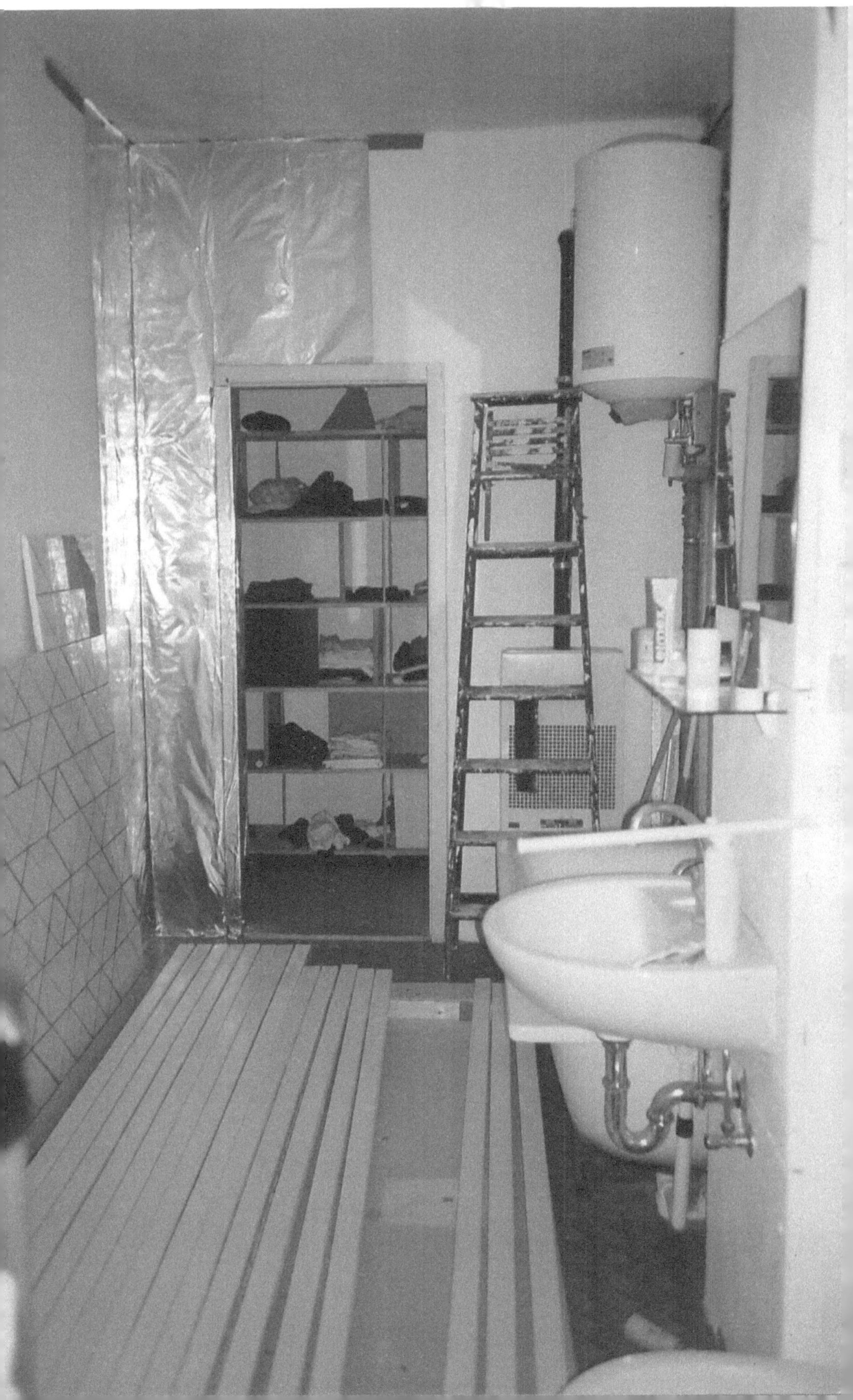

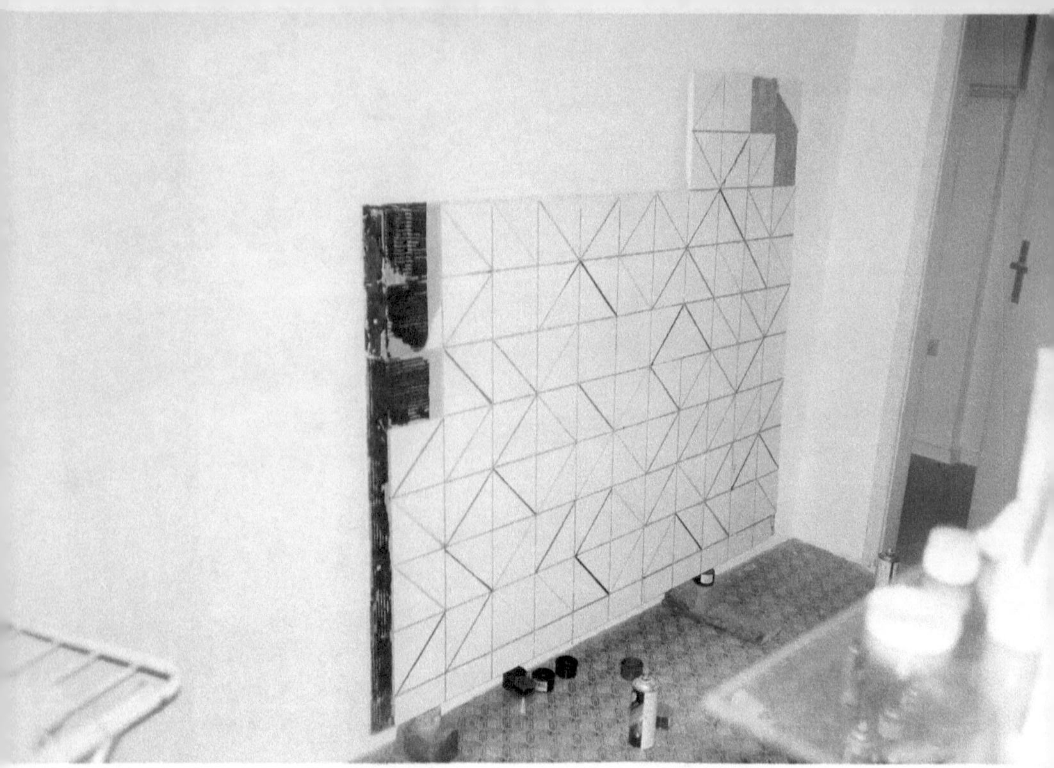

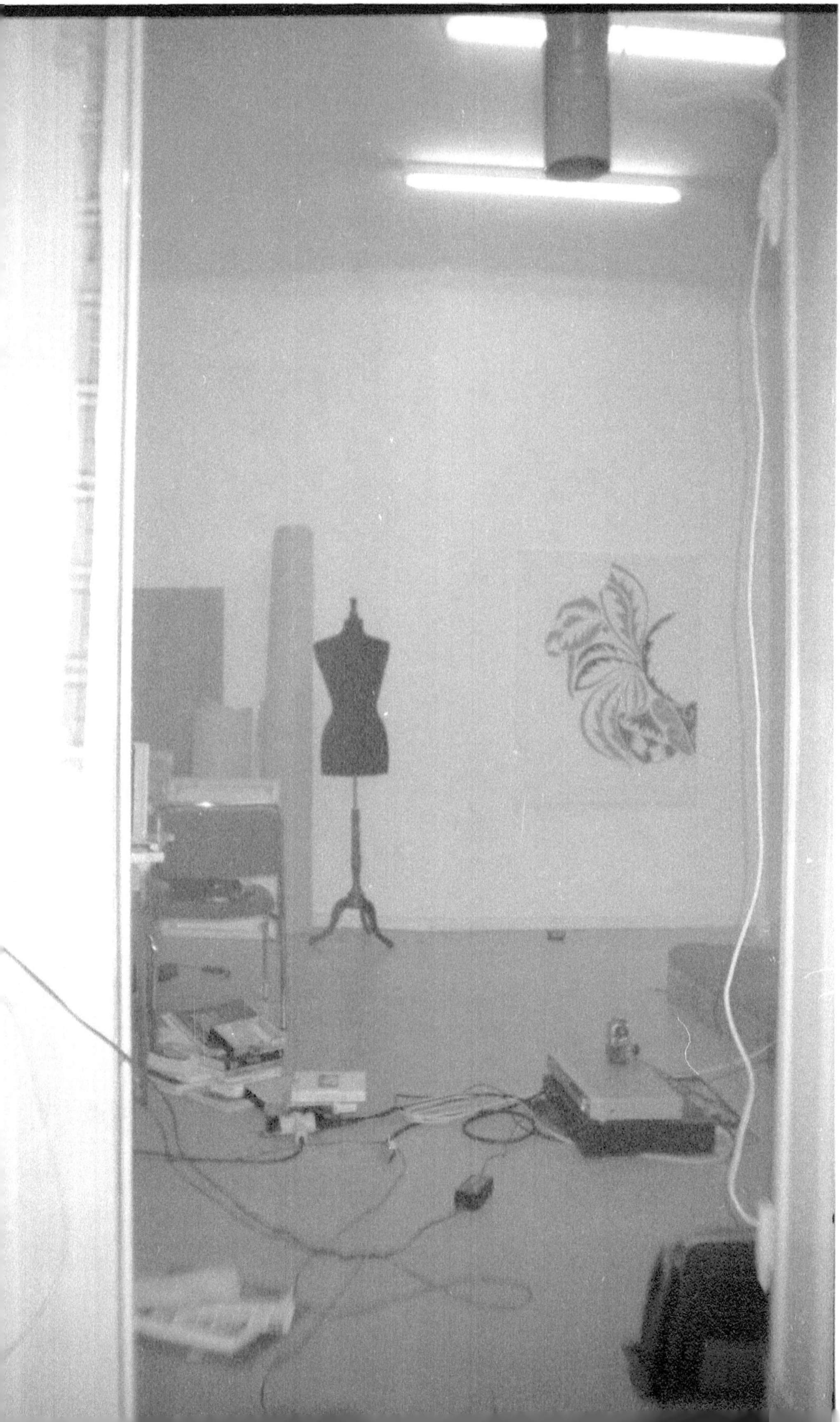

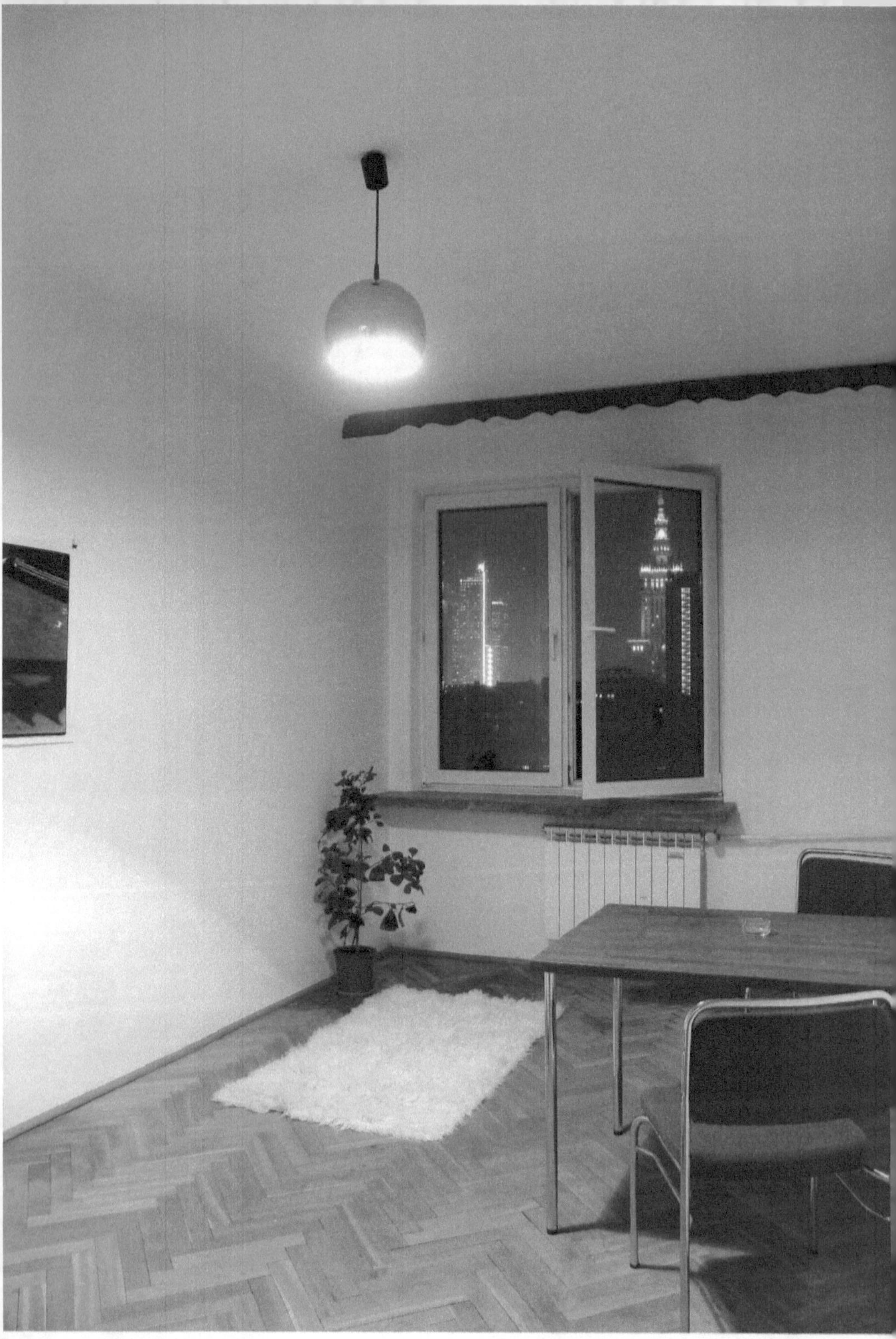

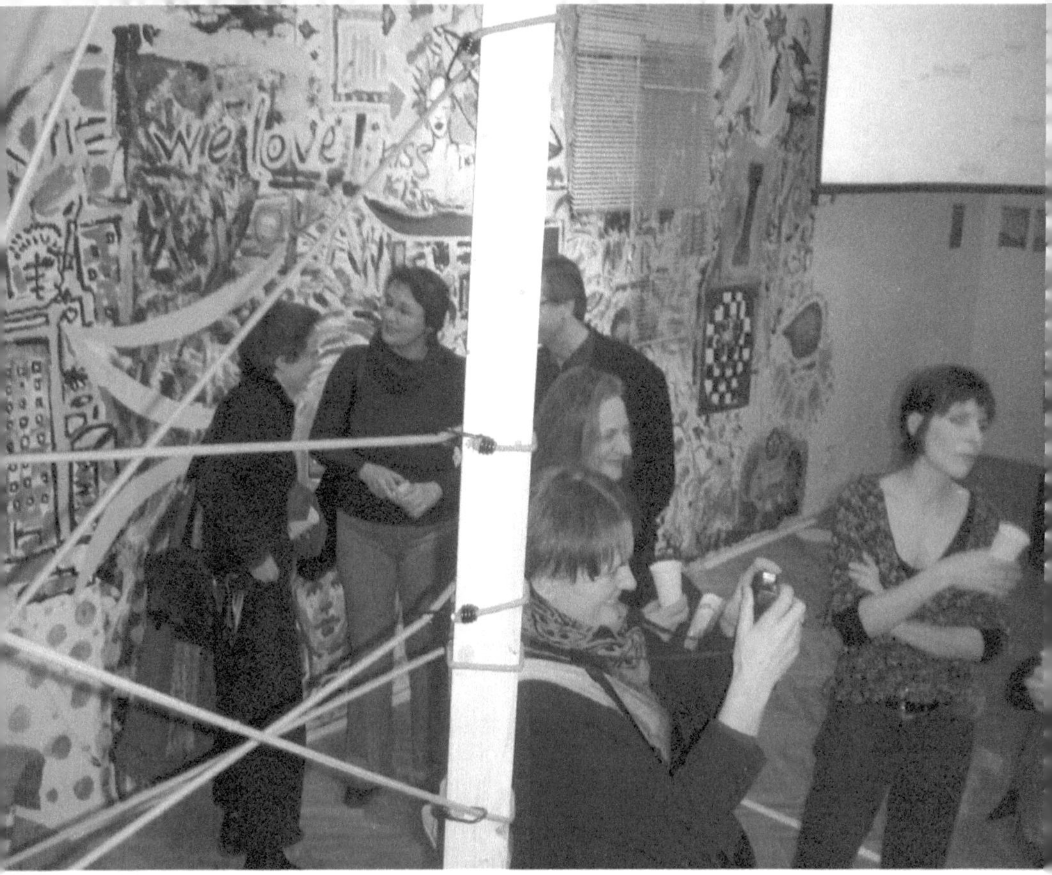
love
kiss

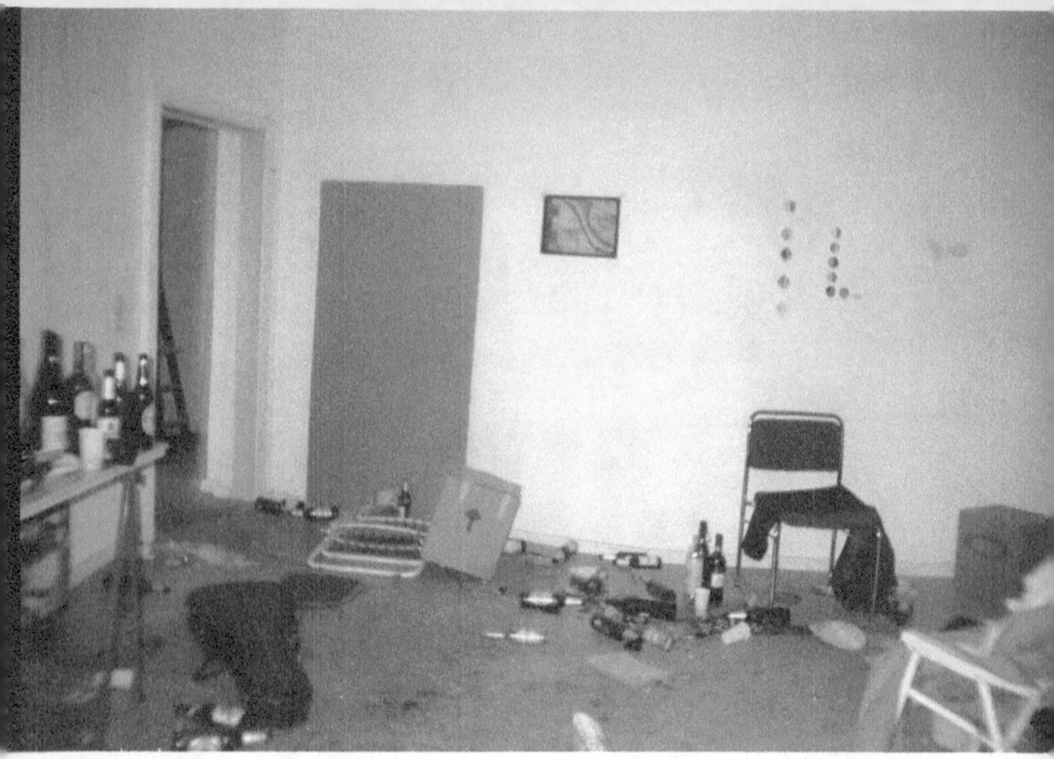

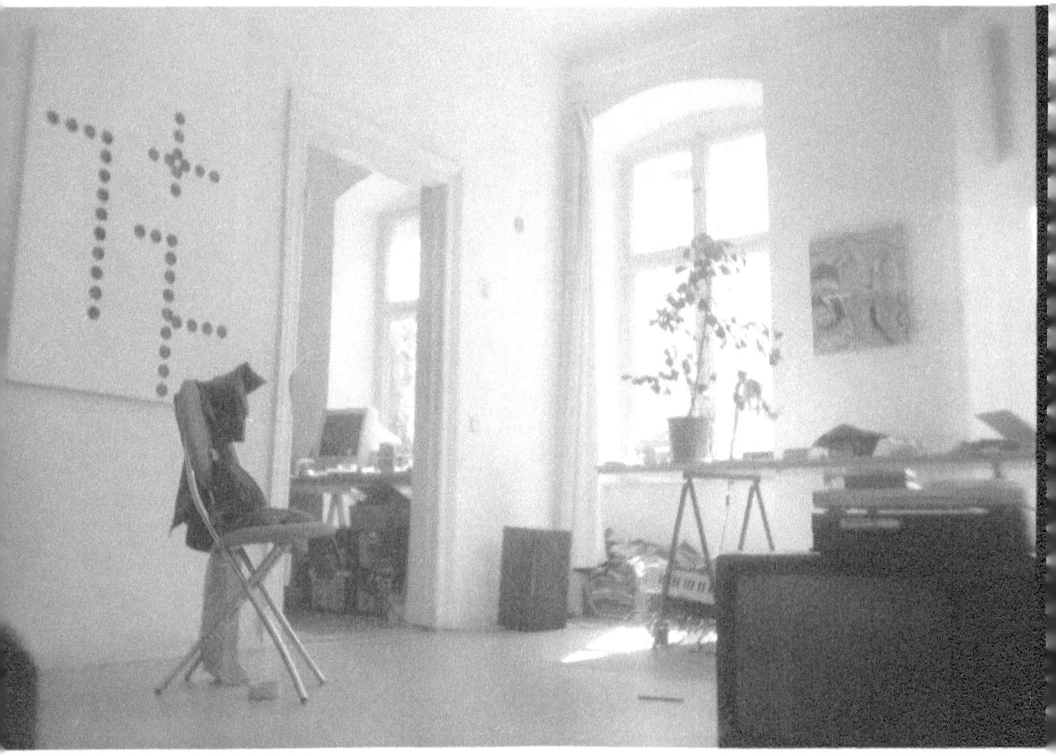

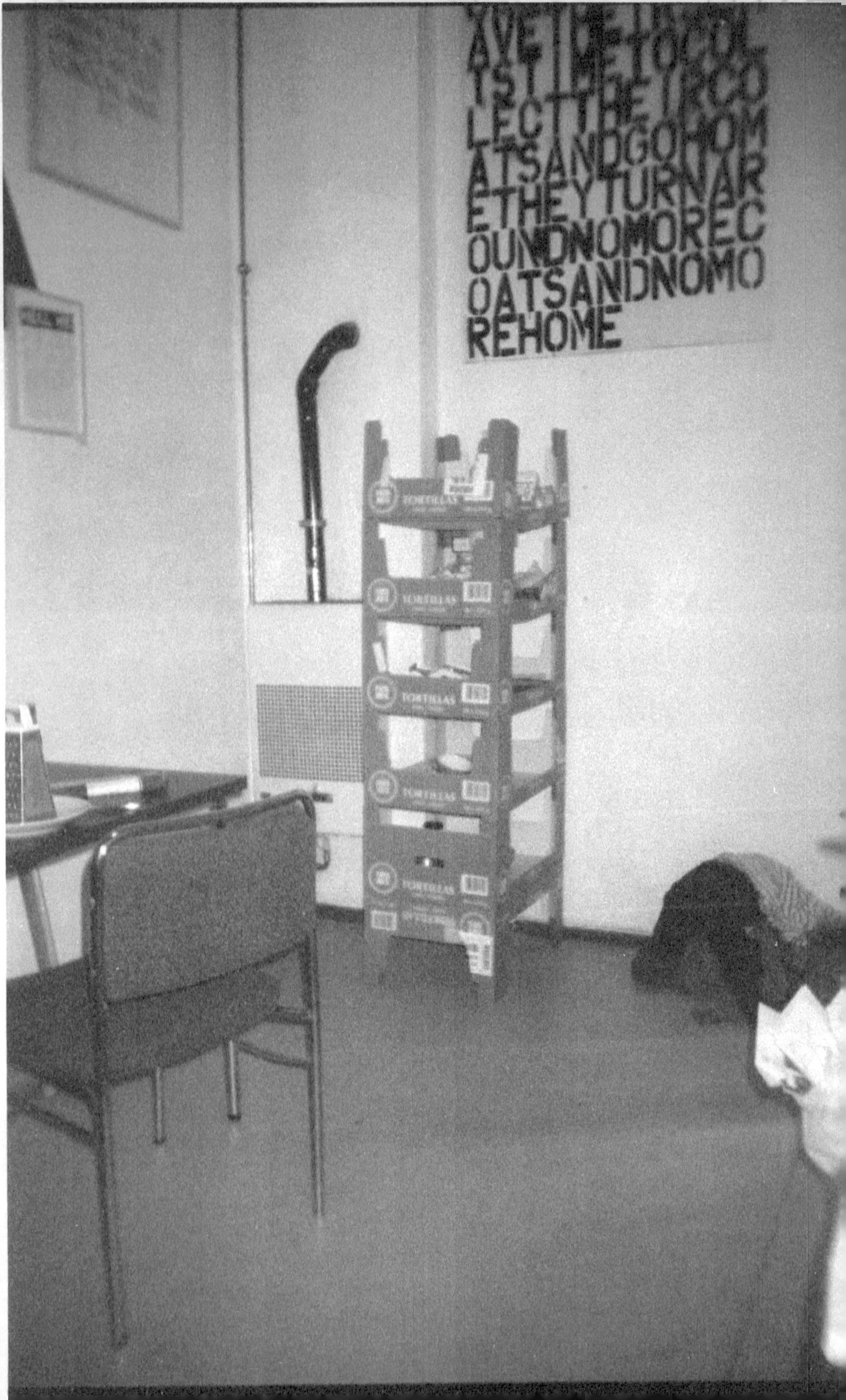
ATSANDGOHOM
ETHEYTURNAR
OUNDNOMOREC
OATSANDNOMO
REHOME

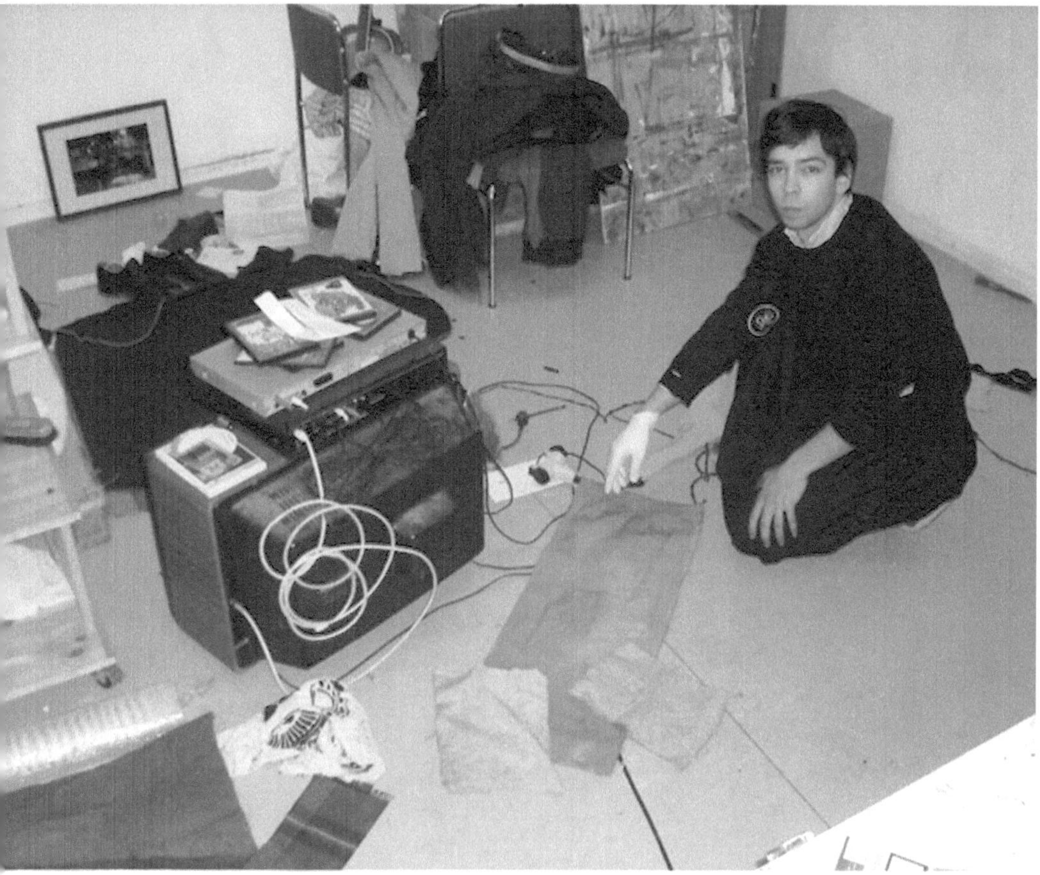

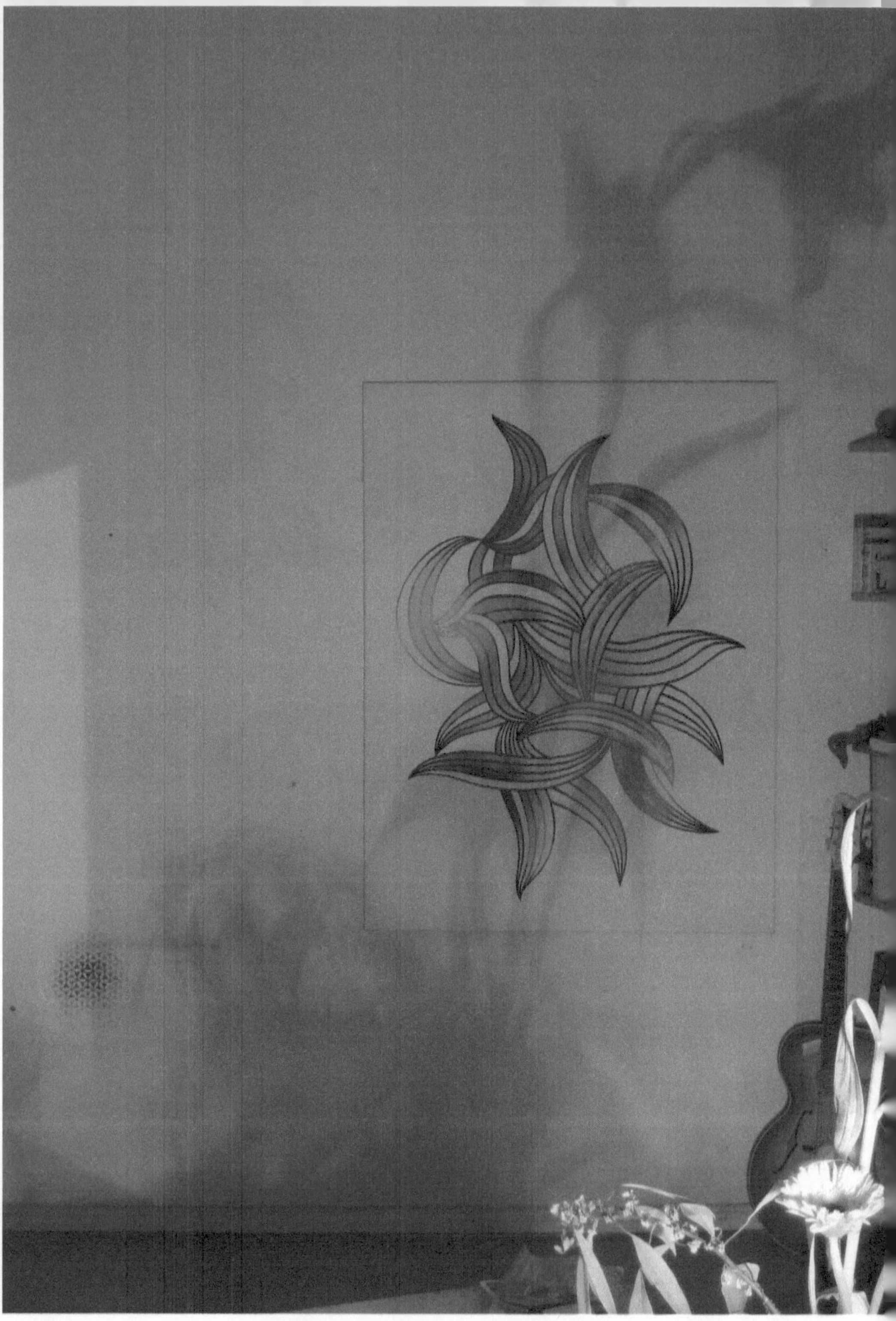

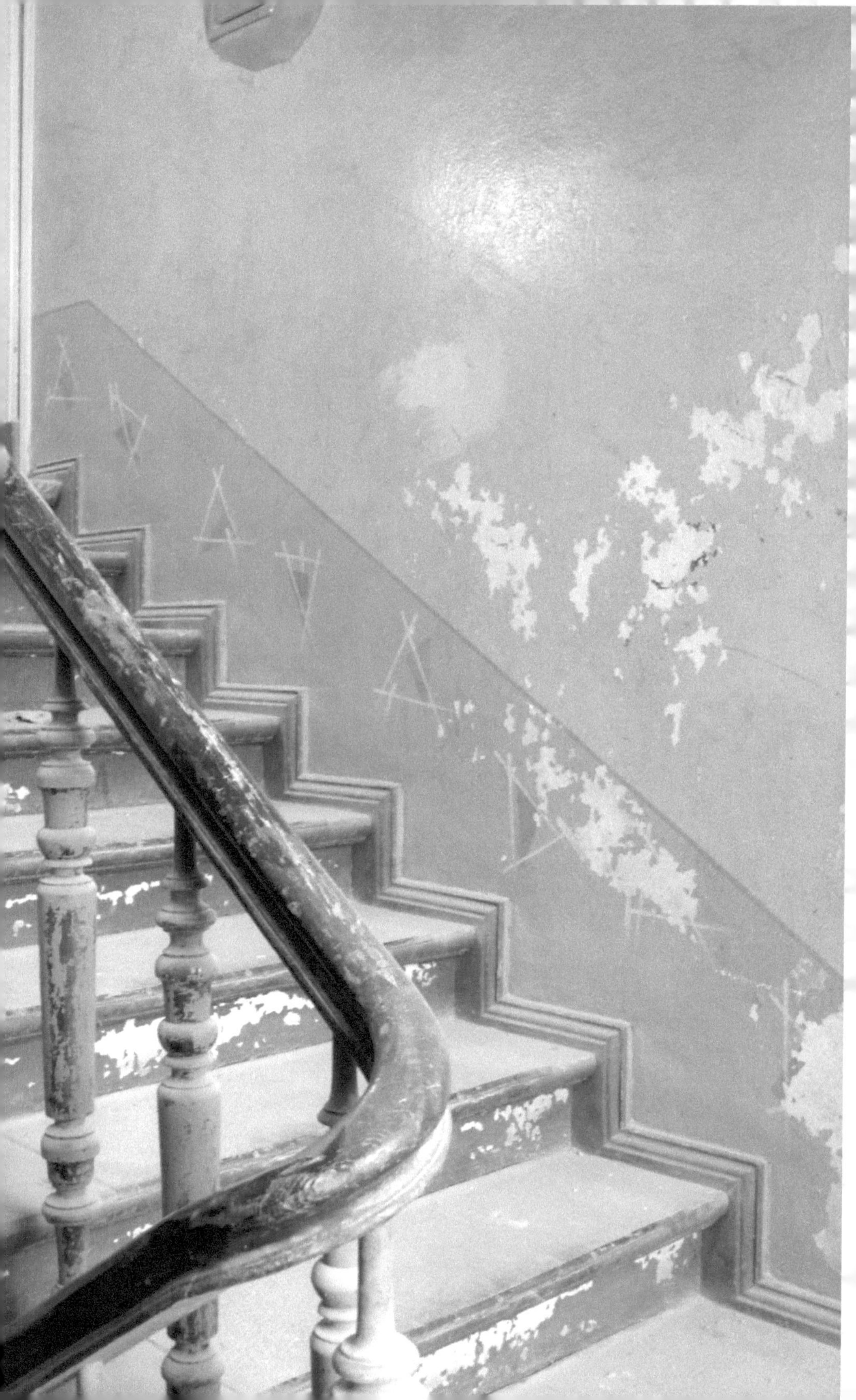

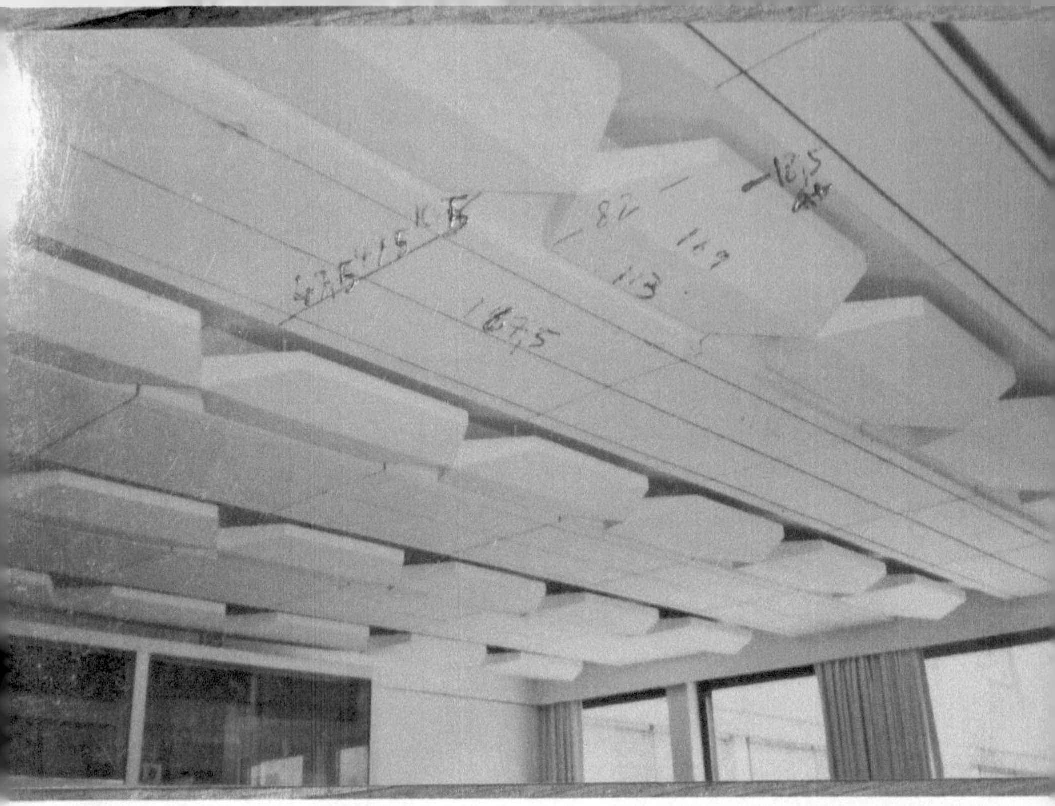

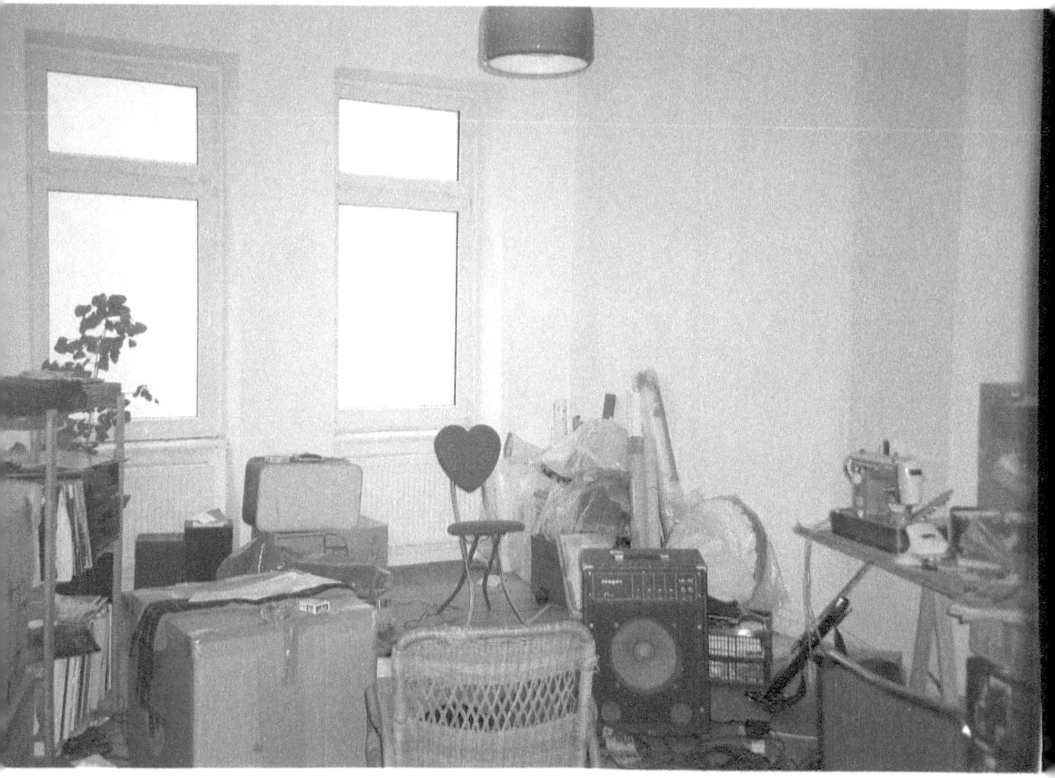

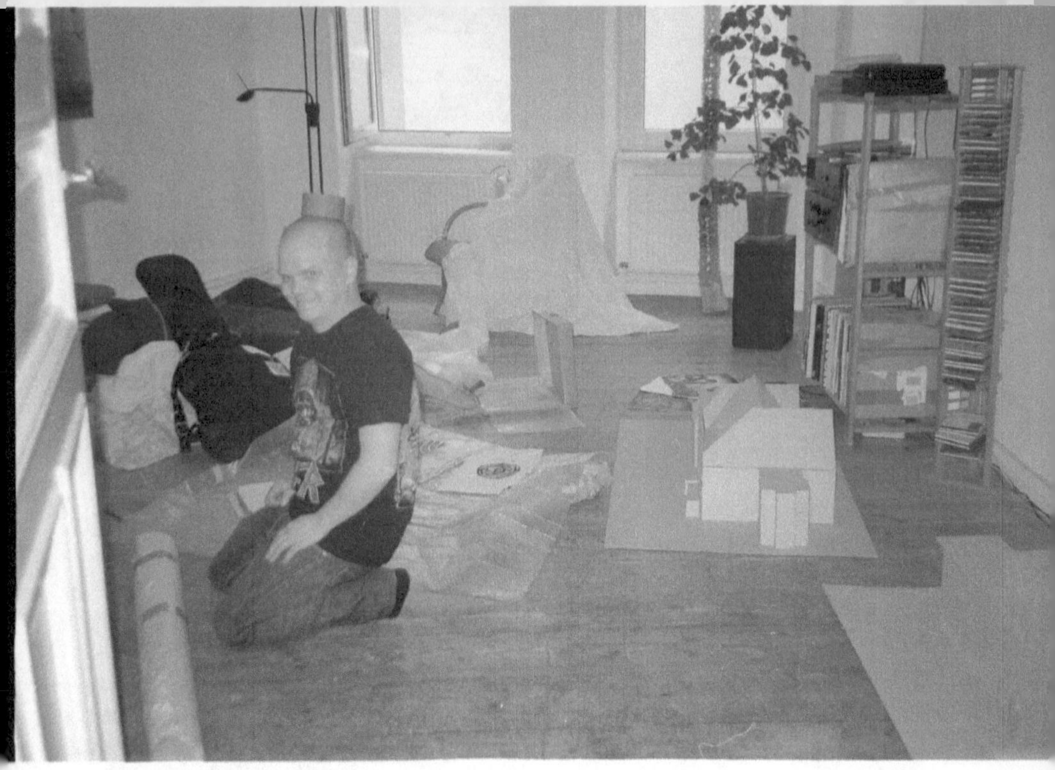

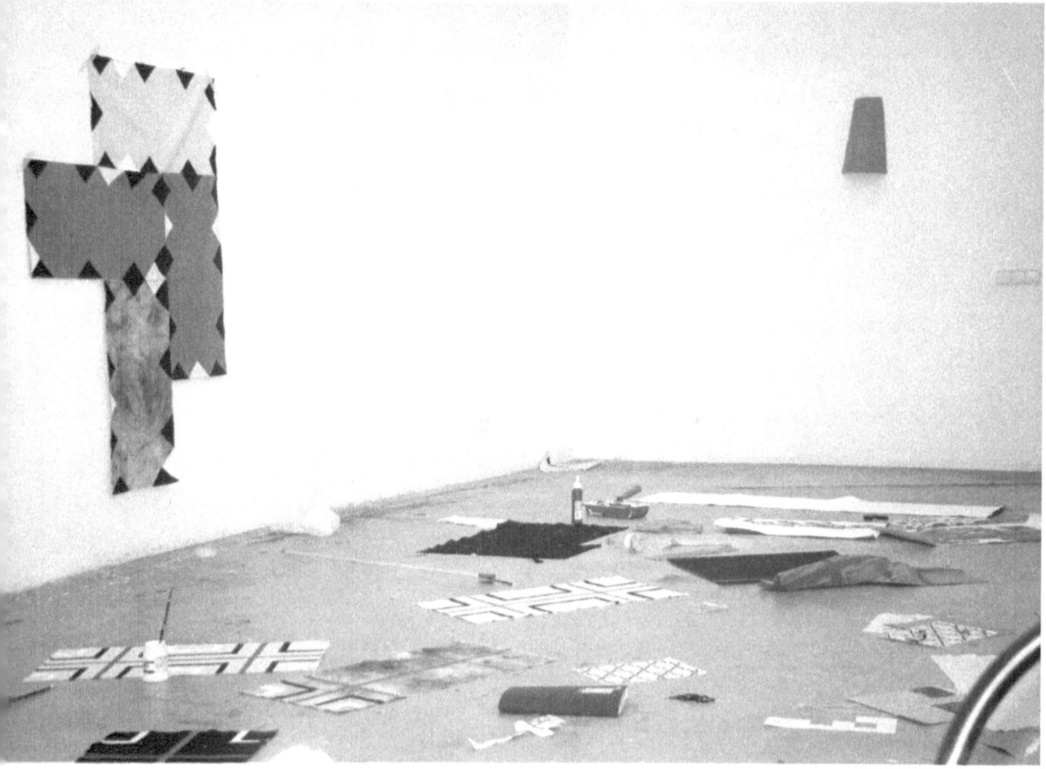

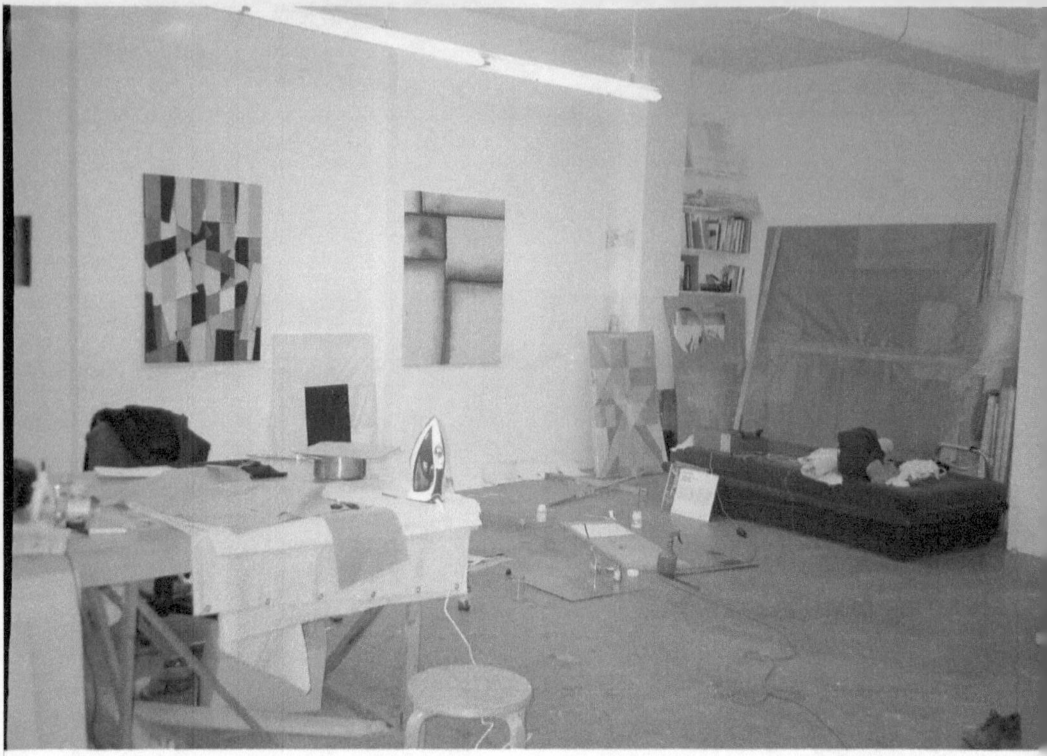

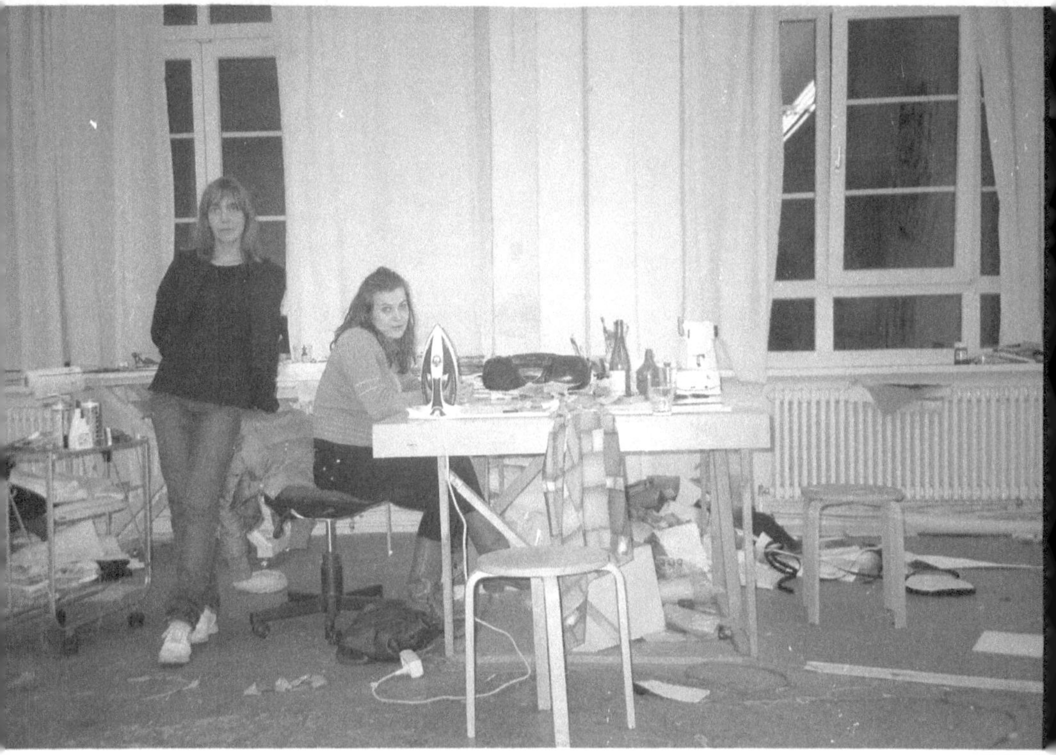

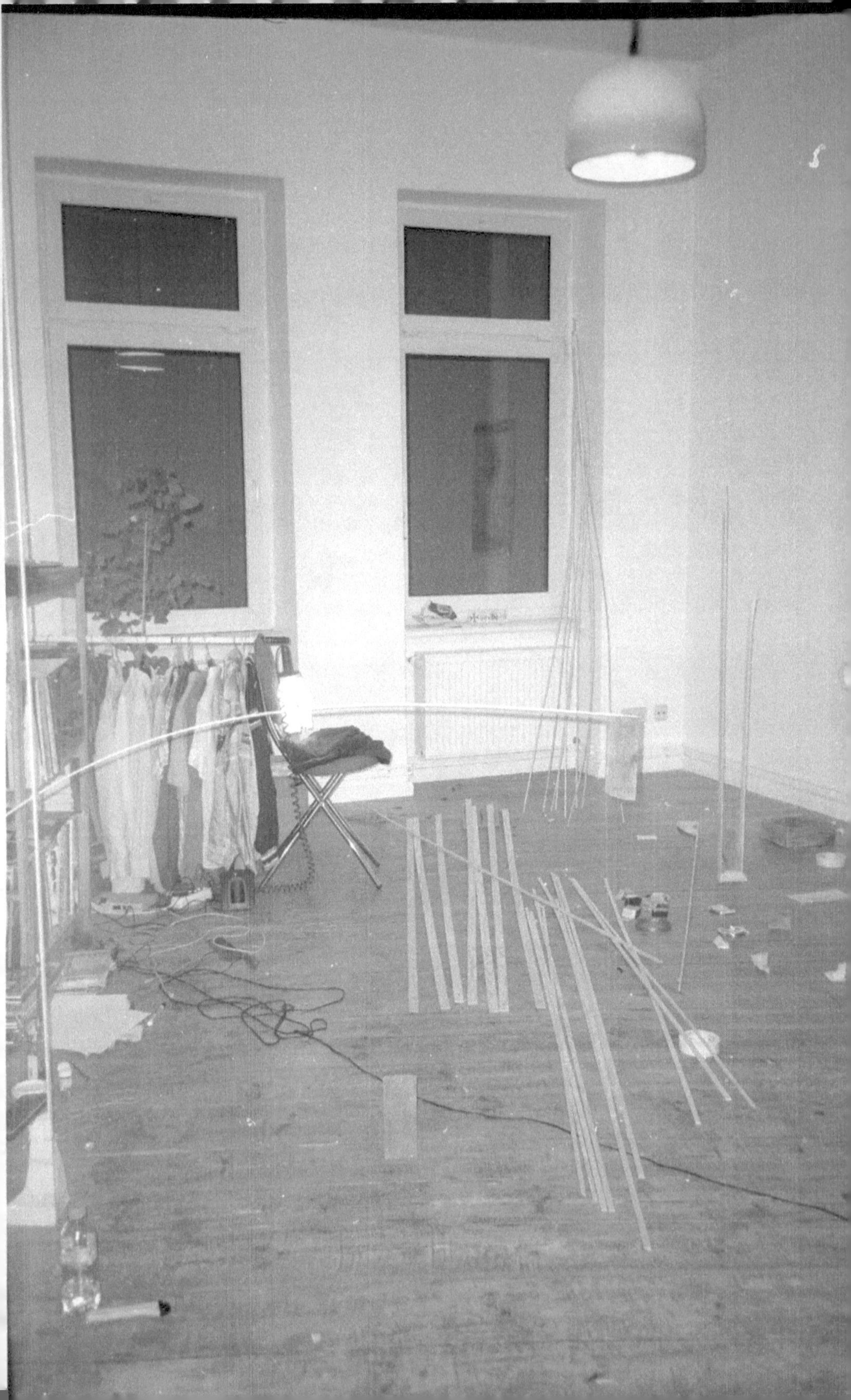

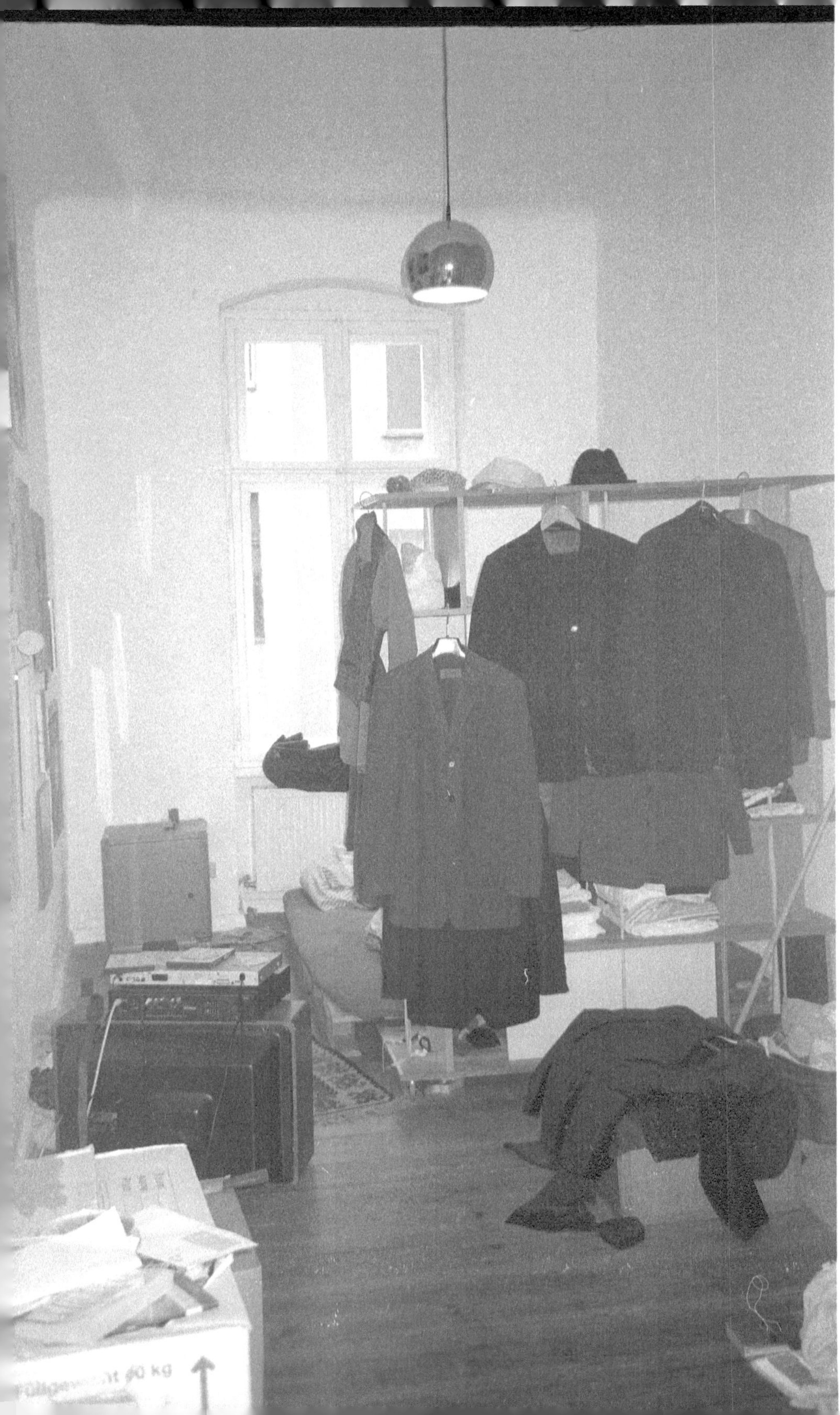
40 kg

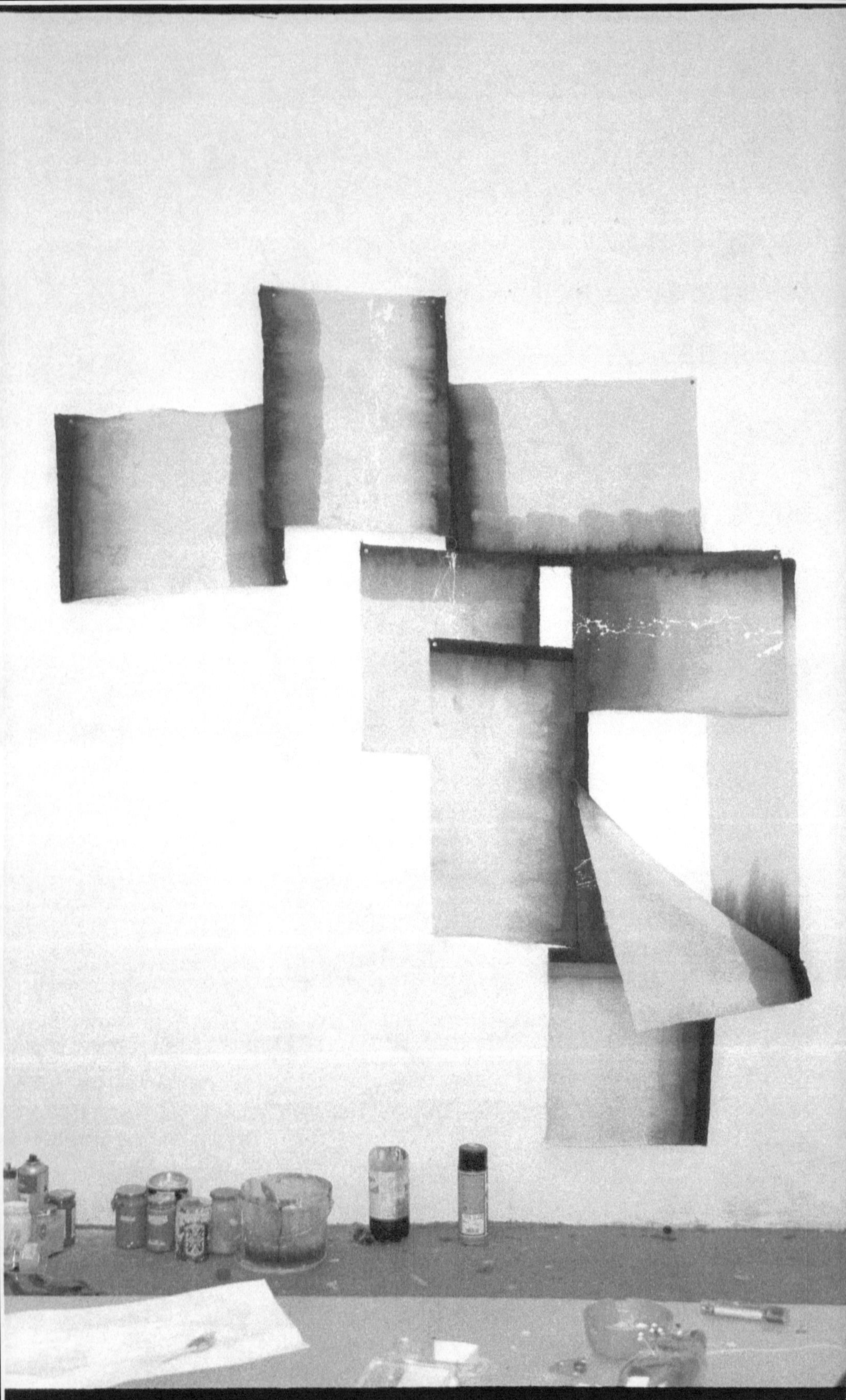

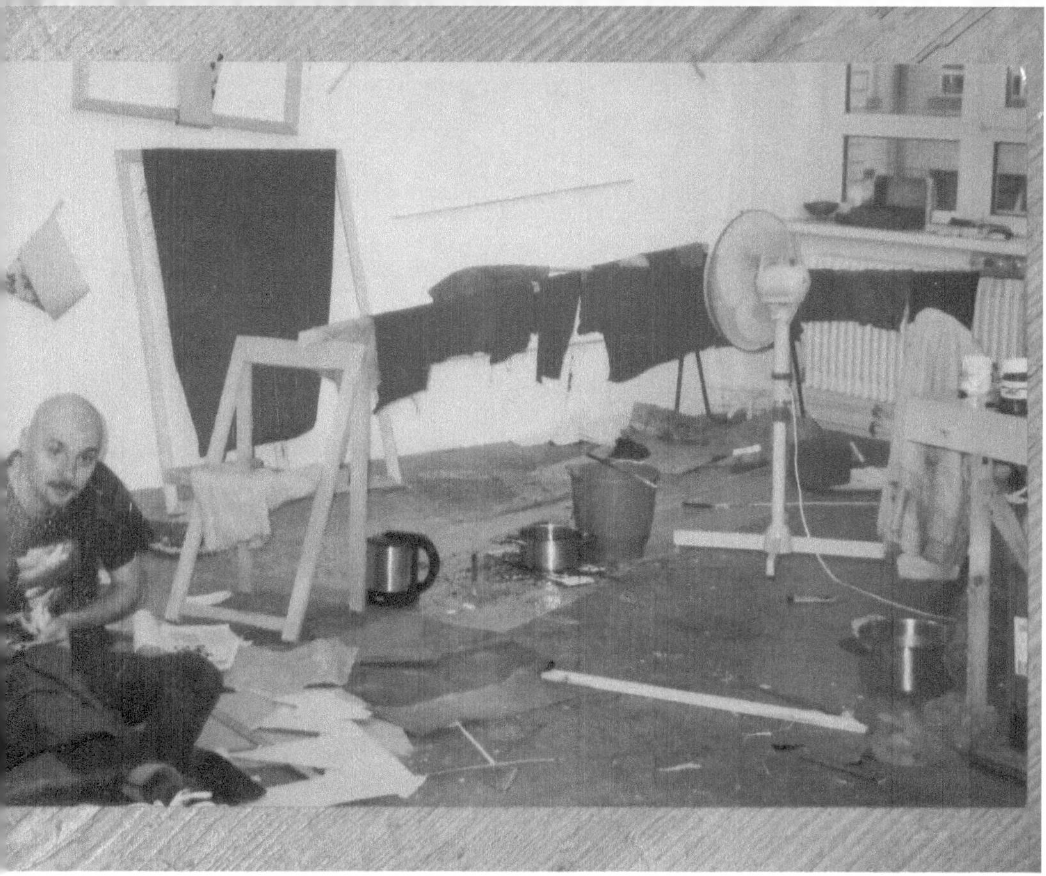

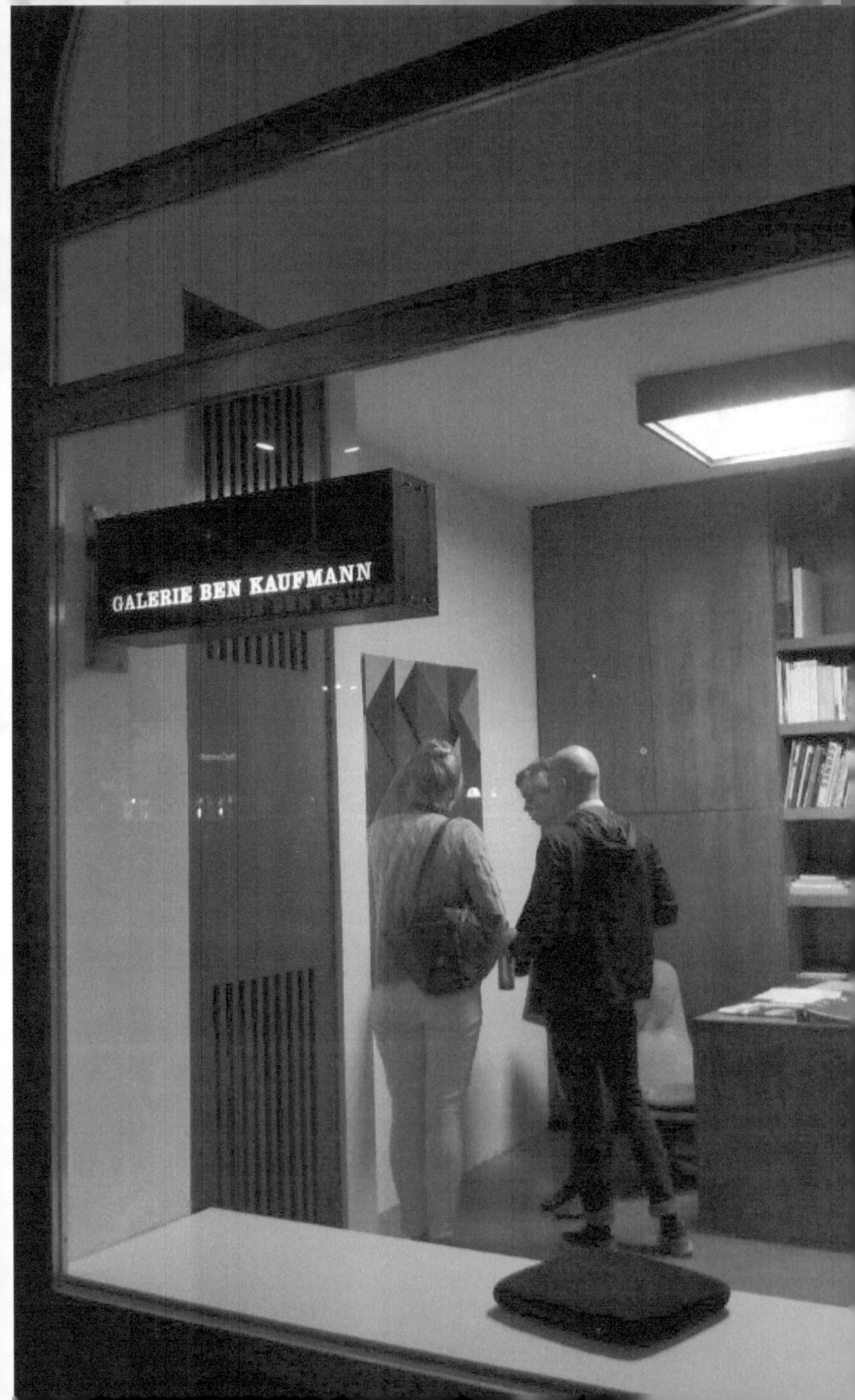
GALERIE BEN KAUFMANN

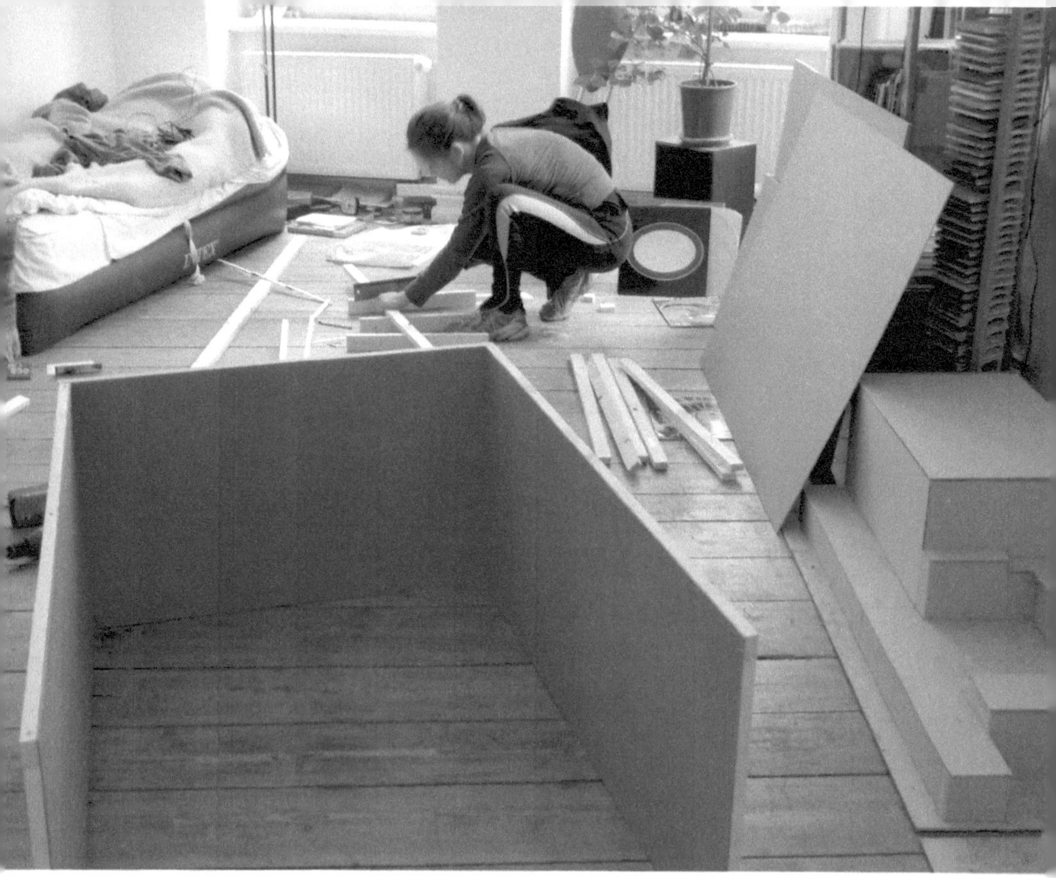

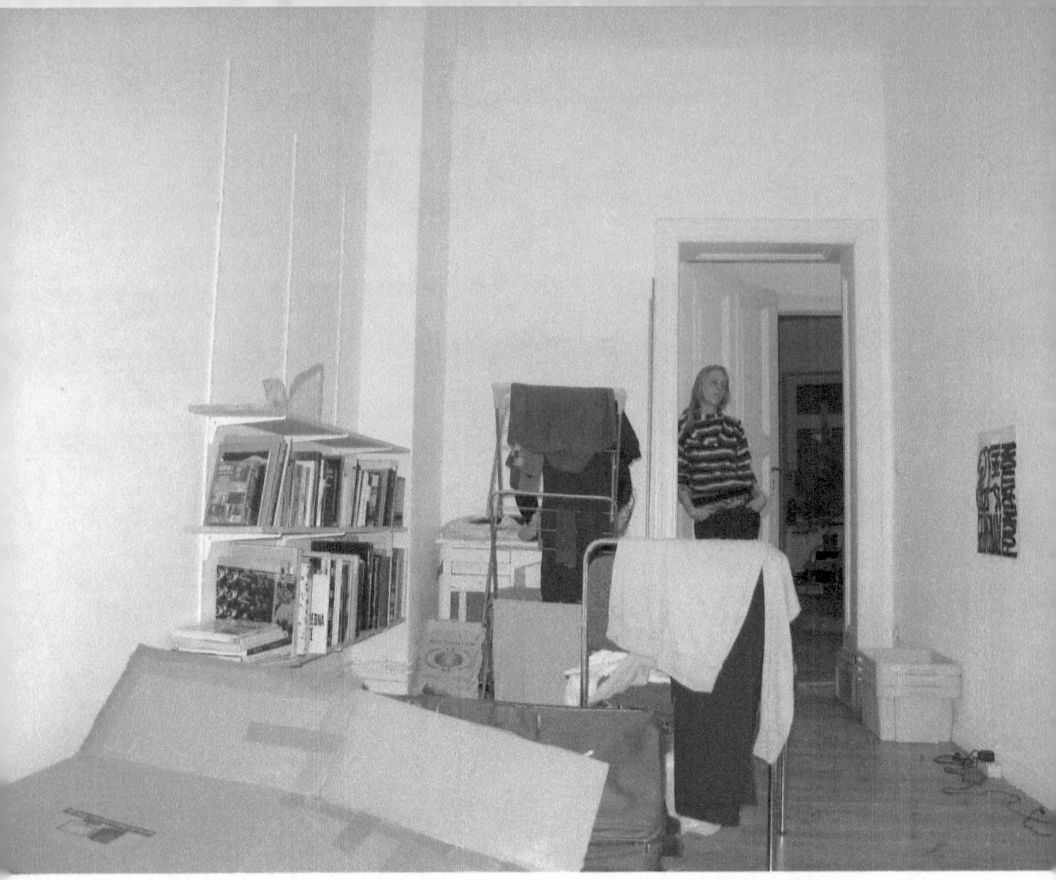
FOUNDATION

www.ingramcontent.com/pod-product-compliance
Lightning Source LLC
Chambersburg PA
CBHW021906170526
45157CB00005B/1996
* 9 7 8 1 2 9 1 1 3 1 8 7 1 *